MINGJIA JIAONI XIE YILUNWEN

名家教你写议论文

陈秀清 白 峰 编著

作文新理念

图书在版编目（CIP）数据

名家教你写议论文/陈秀清，白峰编著.—太原：
山西人民出版社，2017.8
ISBN 978-7-203-10107-9

Ⅰ.①名… Ⅱ.①陈…②白… Ⅲ.①议论文－写作
－中学－教学参考资料 Ⅳ.① G634.343

中国版本图书馆 CIP 数据核字（2017）第 216738 号

名家教你写议论文

编　　著：	陈秀清　白　峰
策　　划：	樊　中
责任编辑：	李建业
复　　审：	樊　中
终　　审：	来普亮
装帧设计：	谢　成

出 版 者：	山西出版传媒集团·山西人民出版社
地　　址：	太原市建设南路 21 号
邮　　编：	030012
发行营销：	0351－4922220　4955996　4956039　4922127（传真）
天猫官网：	http://sxrmcbs.tmall.com　电话：0351－4922159
E－mail：	sxskcb@163.com　发行部
	sxskcb@126.com　总编室
网　　址：	www.sxskcb.com

经 销 者：	山西出版传媒集团·山西人民出版社
承 印 者：	山西出版传媒集团·山西新华印业有限公司
开　　本：	787mm×1092mm　1/16
印　　张：	12.5
字　　数：	240 千字
印　　数：	1—4000 册
版　　次：	2018 年 8 月　第 1 版
印　　次：	2018 年 8 月　第 1 次印刷
书　　号：	ISBN 978-7-203-10107-9
定　　价：	38.00 元

如有印装质量问题请与本社联系调换

前 言

  天下兴亡，匹夫有责。在当代社会，针对一些社会现象、社会热点问题发表自己的看法已成为一种强烈的社会需求。议论文作为一种剖析事物、论述事理、发表意见、提出主张，通过摆事实、讲道理、辨是非等方法，来确定其观点正确或错误，树立或否定某种主张的文体便成为社会与民众不得不了解、熟悉的文体。

  语文考试大纲和新课程标准也对学生写作能力提出了明确要求：观点明确，内容充实，感情真实健康；思路清晰连贯，能围绕中心选取材料，合理安排结构。以实现通过写作实践发展形象思维和逻辑思维、分析和综合等基本的思维能力，发展创造性思维。

  因此，议论文写作不仅是中学写作教学的重要方面，也是社会民众所必须掌握的一项社会技能。

  "熟读唐诗三百首，不会作诗也会吟。"可见，在文学创作中对于名家名篇借鉴学习的重要性。我们这本《名家教你写议论文》正是为了满足议论文初学者学习借鉴的需求而编写的。全书前十四章，各章内容上以议论文的三要素——论点、论据、论证为纲目对所选名家名篇进行解读。同时本书还结合广大读者，尤其是青少年朋友学习写作常出现的一些困惑和误区，进行了详细的解析与恳切的提醒。另一有趣之处是，本书在解读名家名篇的过程中还设置了一些有针对性的问题。对名家名篇的解读与对读者的提问相得益彰，可以引导读者深入分析写作思路，思考并学习写作手法，体会写作效果。此外，本书十四章之后还选取了一些经典文言文议论篇章以供读者欣赏、借鉴。

  写作实践各有不同，写作技巧千变万化。本书借名家之手，虽力求全面展示议论文写作技法，但囿于学识仍难以做到面面俱到。书不尽言，言不尽意，权当是抛砖引玉，还请大家批评指正。

目　录

将琴代语知心意，携手相随落衷肠
　　——跟吴晗学写切合题意的议论文 …………… 001
　　谈骨气 …………………………………………… 006

一枝红杏脱墙出，轻风新雨落凡尘
　　——跟周先慎学写观点明确的议论文 ………… 010
　　简笔与繁笔 ……………………………………… 014

腹有诗书气自华，眼前可下三千字
　　——跟钱钟书学写论据充实的议论文 ………… 019
　　论快乐 …………………………………………… 023

索楼回转巧雕琢，结构妙应七星剑
　　——跟宗白华学写论证结构严密的议论文 …… 029
　　学者的态度与精神 ……………………………… 032

见繁削去留清骨，万紫千红总是春
　　——跟吕叔湘学写恰当使用论证方法的议论文 …… 034
　　错字小议 ………………………………………… 038

巧设凤头亮登场，来如雷霆震人心
　　——跟刘心武学写开头精彩引人的议论文 …… 046
　　起点之美 ………………………………………… 050

罢如江海凝清光，回眸一笑百媚生
　　——跟孙犁学写结尾精练响亮的议论文 ……… 055
　　好的语言和坏的语言 …………………………… 059

如团云岫出深山，万里云罗一雁飞
——跟朱自清学写中心突出的议论文 ……… 065
论诚意 ……… 068

桃花潭水深千尺，饮如长鲸吸百川
——跟杨绛学写内容充实的议论文 ……… 073
人生一世，为的是什么？ ……… 077

嬉笑怒骂有真意，文章如泉吐真情
——跟龙应台学写感情真挚的议论文 ……… 080
中国人，你为什么不生气？ ……… 084

立意如月照九州，襟怀高与众山齐
——跟邓拓学写立意明确的议论文 ……… 089
三种诸葛亮 ……… 097

文章布局如棋局，斗引埋伏早相机
——跟李大钊学写布局合理的议论文 ……… 101
今 ……… 104

有心笔落惊风雨，酌字诗成泣鬼神
——跟臧克家学写语言生动的议论文 ……… 107
伟大与渺小 ……… 112

执守规范唯有静，不宜混沌做文章
——跟胡绳学写规范的议论文 ……… 116
想和做 ……… 119

参考答案 ……… 123

古代经典议论文 ……… 134
论积贮疏 ……… 134
论贵粟疏 ……… 137
修身 ……… 142
孟子·梁惠王上（一） ……… 149
孟子·梁惠王上（二） ……… 151
说难 ……… 153

兼爱（上）	157
兼爱（中）	159
兼爱（下）	164
五蠹	173
原毁	186
原君	189

将琴代语知心意,携手相随落衷肠

——跟吴晗学写切合题意的议论文

导师简介

吴晗(1909—1969),原名吴春晗,字伯辰,笔名语轩、酉生等,浙江义乌人,中国著名历史学家、社会活动家、现代明史研究的开拓者和奠基者之一。曾任云南大学、西南联合大学、清华大学教授,北京市副市长,中国科学院历史研究所学术委员,中国科学院哲学社会科学部学部委员,北京市政协副主席等职务。

吴晗聪慧勤奋,他在清华求学期间便写下了《胡惟庸党案考》《明代靖难之役与国都北迁》《明代之农民》等一批相当有见地、在史学界有较大影响的文章。1934年吴晗毕业留校任教,开设明史和明代社会等课目,影响直追陈寅恪、张荫麟等史学大家。

吴晗的主要作品有人物传记《朱元璋传》;史学著作《读史札记》《吴晗历史论著选集》《胡惟庸党案考》《明成祖生母考》《胡应麟年谱》《江苏藏书家小史》《十六世纪前期之中国与南洋》《明太祖》《明史简述》等;杂文集《三家村札记》《历史的镜子》《史事与人物》《灯下集》《春天集》《投枪集》《学习集》等。《谈骨气》是其优秀的议论文代表作。

写作指导

在议论文写作中，切合题意是作文的首要问题，是考场作文基础等级的基本要求。"切合"即恰当、适合；"题意"即题目的宗旨、中心、观点、思想。"切合题意"就是切合题目的"规定性"。所谓"规定性"，即指题目规定限制你必须写什么、怎么写，也即题目规定的文章的体式、主旨、材料、字数等。符合题意就是对作文试题上展示的各个部分仔细审读揣摩，准确、全面地理解其含义，不偏不漏、不折不扣地按要求作文。切合题意具体而言包含两层意思：一是符合命题意图。对命题者所给的题目，要求同学们能准确、全面地理解。准确，强调审题时要分清是非、优劣、高下、大小、可否等；全面，则强调审题时看清话题中各个部分的字面和深层的含义。二是文章和题目相符。命题作文要紧扣题目下笔立意，写出切合题意的文章。材料作文内容宽泛，如何选准一个切入角度更显重要，这个角度既应该体现在文章的标题上，也应该体现在文章的内容上。具体来说，我们在审题时应该注意以下几个方面：

一、严格把握话题范围

准确理解题意，准确理解材料的深层意蕴，把握话题涉及的范围，有利于对话题的切入，有利于在话题的范围之内找到适合自己写作的最佳切入点。吴晗的"谈骨气"题目限定议论的范围是"骨气"。"骨气"的含义抽象而宽泛，作者巧妙地由"骨气"联想到战国时代孟子的"富贵不能淫，贫贱不能移，威武不能屈"，找到了适合论述的最佳切入点，也为搜集论据、分析论证奠定了基础。

二、准确理解材料内容

准确理解材料内容是做到切合题意的基础。考生要把握题目的要点，确切理解题目的含义；材料作文要对所给材料进行仔细的理解和分析，揣摩材料的关键词句，如开头句、结尾句、对话句、结语句等，对材料作出准确的理解。有的材料在叙述过程中流露出一定的情感倾向，写作者可以从材料的情感倾向入手进行审题立意；有的材料则需要由果及因或辨明关系进行审题立意。即便是给出话题，也需要对话题进行认真的分析，这样才能写出符合题意的习作。比如2002年全国高考作文题"心灵的选择"，"选择"是核心所在。如果不认真审题，仅仅就登山者和冻僵的人之间的协作、互惠、双赢等作发挥，那就很可能偏离题目的要求。当然，"心灵"也是一个重要的限制，它规定了这种"选择"必须是震动心灵、震撼灵魂的，必须是心灵承受一定压力的。这是一种思想经历升华的选择，是一种面对大是大非或者关涉良心、尊严、人格的选择，甚至有可能是面对生与死的选择，因此，这种选择常常是痛苦的，是经过激烈的思想冲突的，而最后证明是合理的。

三、仔细分辨对象关系

一个题目、一则材料往往涉及许多人物、多重关系，一个话题也往往由几个概念构成，这就需要写作者理清对象关系，辨明话题关系。如："水从高原流下，自西向东，流入渤海。渤海口有一条鱼逆流而上，它一会儿越过浅滩，一会儿冲过急流，穿过湖泊中层层的渔网，穿过湍急的壶口瀑布，越过山涧，挤过石罅，游上了高原。然而，它还来不及发出一声欢呼，就变成了一条冰鱼。若干年后，一群登山者在冰块中发现了它，它还保持着游水的姿势。有人认出这是渤海口的鱼。一位年轻人感叹说：'这是一条勇敢的鱼。'一位老者叹息说：'这是一条可悲的鱼。'"这则材料中出现了鱼、年轻人、老年人等对象主体。从年轻人的角度可以立意为向往拼搏、勇往直前、重要的是过程；从老年人的角度则可立意为期待安逸；从对两个人的不同回答的对比中可以立意为即使最后的结果是牺牲，至少自己没有后悔地过一生；从鱼的角度可以立意为生活的路不会是平坦的，要不退缩地走下去。再如"自信与他信""诚实与虚伪""人性人情与内心体味""树木·森林·气候"等话题，要求同学们在写作前要辨明几个概念之间的关系。再如2006年高考作文题的话题材料是一个寓言故事（乌鸦学老鹰捉羊），这是一道并列对比关系题，不是因果关系题。对于这个题目，有三种思路：第一种是做对接处理，一方面写鹰发挥自己的优势，捉住了羊；另一方面写乌鸦存在的劣势，捉不住羊，双向阐述，有一种广度，也显得较全面。第二种思路是做偏正处理，重点谈一个，最好把鹰捉羊一笔带过，把阐述重心放在乌鸦为什么捉不住羊上，把双向命题单一化，容易紧扣中心，写出深度。第三种思路是换位思考，假如乌鸦能从鹰那里得到启迪，正确了解自己和对方，知己知彼，不去捉羊，而捉青蛙，就可能成功。写议论文可以从这几个方面作为审题和构思的起点，或集中分析缘由，或集中分析方法途径和使用手段，也可以论述事情的结果。

四、避免话题转移

命题作文的写作需要一语中的，材料作文和话题作文中，同学们同样需要按照材料要求或话题要求作文，并要做到一以贯之。有的同学在议论过程中，有意无意地将笔墨转移到另一个话题上去，如将"坚持"转移到"坚持真理"，将"学会放弃"转移到"放弃理想"等，更有甚者，一旦转移就再也收不回，这都是不符合题意的体现。

五、行文中注意凸现题意

在写作中要学会处处点题，紧扣题意。一是扣住话题拟题。话题作文需要我们自己拟题，如果我们将独词式话题扩展成短语并以此作为写作题目，就能在构思时将题目限定在命题者设定的范围内。二是下笔扣题开一枪。也就是说，文章开门见山，直击题目，从而引出下文围绕这个中心展开。三是穿插文中巧切题。可以围绕题目拟出一组小标题，穿插在文章之中；可以根据题目拟定分论点中心句，穿插在文章中间。这些做法，不断地强化题旨，保证了文章依轨而行。四是锁定题目作结尾。文章的结尾要回扣题目，这一点至关重要，开头点题并不是必需的，但是，结尾必须点题。至少要在开头、结尾、段首这些关键处把体现题意的文句"亮出来"，让阅卷者能清楚地看到。

常见失误

写作文做到切合题意是第一要事。一篇作文是否离题或偏题，直接关系着得分的高低。材料作文直接由材料构成，话题作文的话题一般是由材料引出的，所以材料是材料作文和话题作文题目的重要组成部分，但作文考试和训练中，许多同学不重视对材料的审视，另起炉灶，因而造成偏离题意的现象。

误区一：误解题目或材料基本指向

很多同学对作文的题目或所给材料不能正确审视，常常出现偏题甚至跑题现象。从材料的有无及其与话题的关系看，话题作文的命题形式一般有三种：一曰命题式，二曰导引式，三曰定向式。命题式话题干脆利落，除了话题和要求没有其他表述，审题就是审话题。导引式相对命题式而言增加了话题的引语，但对立意不起任何作用，审题还是审话题。定向式话题的话题一般是由材料引出的，材料是话题作文题目的重要组成部分。话题所提供的材料多多少少限制了话题的走向，因此审题要把话题和材料参照着审视，否则就会偏向。这类话题往往范围很大，而材料把它限定在某些方面，所以审题立意不能漫无边际。

误区二：误解话题的比喻义

有一种话题材料是比喻性的，材料一般都蕴含着话题的比喻义。我们在写作时未能把立意锁定在既定的话题上，具体表现就是不能把立意出新的基础建立在确解题意上，不能使立意明朗化，不能够让阅卷老师一眼望穿，不会扣住"题眼"

把立意锁定在话题上。要努力使立意明朗化，能够让阅卷老师一眼望穿这一点之所以重要，是因为平均3分钟评判一篇作文的速度使评卷者根本无暇曲径探幽，他们只能快速扫描、迅速判断，把一篇作文定位在某个等级上。因此立意的明朗化，对考场作文来说，是稳操胜券的高招。此外，就考生本身而言，立意的明朗化，有助于扣题行文，可以避免脱轨的失误。

任何立意都是"话题"这根藤上的一枝花，扣住话题的题眼来表述，把立意锁定在话题上，不但创新的空间大得很，而且没有偏题之忧。在行文时也要善于利用题眼或点睛的句子，以锁住话题。

误区三：关系型话题往往取一弃一

作文题目的材料和提示性文字涉及两种或两种以上的事物或对象，话题把这两种或两种以上的事物、对象组合起来并构成一定的关系，这就是我们所说的关系型话题作文。关系型话题作文，重在考查考生的思辨能力。但一些考生对关系型话题不能正确把握，常常顾此失彼，取一弃一。故构思作文之前，最重要的是要用辩证思维的方法，辨清构成话题的词和词、短语和短语之间的特定关系。对于这种关系型话题，我们在审题时要顾及两者并将它们之间的关系揭示出来，如果取一弃一，就会导致偏离话题。

误区四：选事取例偏离题意

写议论文自然离不开论证，论证最常用的是例证，如果例证失去向心性，就会导致偏离话题。这有两种情况，一是能用而没能用好，二是不能用而用之。比如说有的同学在作文中用"外国人掀起汉语热"来论证"中国人应该好好学汉语"，这显然是不妥的，因为从外国人的角度来看，汉语正是他们的"外语"，他们喜欢"外语"是不能论证我们应该热爱"国语"的，二者之间没有必然的逻辑关系。

导师名作

吴晗的《谈骨气》是一篇优秀的说理短文。全文立意明确，观点鲜明；切合题意，论据典型；说理充分，语言朴实；通俗易懂，感情真挚；叙议结合，论证周密；前后照应，结构严谨。

谈骨气

吴 晗

| 第 1 段提出中心论点"我们中国人是有骨气的"。

第 2 段引用孟子的话是解释骨气的含义。
(1)请解释"富贵不能<u>淫</u>，贫贱不能<u>移</u>，威武不能<u>屈</u>"中加线字的含义。

第 3 段点明"我们是有着优良革命传统的民族"。
(2)这段议论有什么作用？

1 到 3 段为文章第一部分，贴合题意，紧扣文题，提出论点，为下文展开论证做了必要而又充足的准备。

(3)从第 4 段看，作者采用什么方法论证？

第 5 段举例论证。
(4)第 5 段举了什么事例？具体说明第 5 段的表现手法。

我们中国人是有骨气的。

战国时代的孟子，有几句很好的话："富贵不能淫，贫贱不能移，威武不能屈，此之谓大丈夫。"意思是说，高官厚禄收买不了，贫穷困苦折磨不了，强暴武力威胁不了，这就是所谓大丈夫。大丈夫的这种种行为，表现出了英雄气概，我们今天就叫做有骨气。

我国经过了奴隶社会、封建社会的漫长时期，每个时代都有很多这样有骨气的人，我们就是这些有骨气的人的子孙，我们是有着优良革命传统的民族。

当然，社会不同，阶级不同，骨气的具体含义也不同。这一点必须认识清楚。但是，就坚定不移地为当时的进步事业服务这一原则来说，我们祖先的许多有骨气的动人事迹，还有它积极的教育意义，是值得我们学习的。

南宋末年，首都临安被元军攻入，丞相文天祥组织武装力量坚决抵抗，失败被俘后，元朝劝他投降，他写了一首诗，其中有两句是："人生自古谁无死，留取丹心照汗青。"意思是人总是要死的，就看怎样死法，是屈辱而死呢，还是为民族利益而死？他选取了后者，要把这片忠心记录在历史上。文天祥被拘囚在北京一个阴湿的地牢里，受尽了折磨，元朝多次派人劝他，只要投降，便可以做大官，但他坚决拒绝，终于在公元1282年被杀害了。

孟子说的几句话，在文天祥身上都表现出来

了。他写的有名的《正气歌》，歌颂了古代有骨气的人的英雄气概，并且以自己的生命来抗拒压迫，号召人民继续起来反抗。

另一个故事是古代有一个穷人，饿得快死了，有人丢给他一碗饭，说："嗟，来食！"（喂，来吃！）饿人拒绝了"嗟来"的施舍，不吃这碗饭，后来就饿死了。不食嗟来之食这个故事很有名，传说了千百年，也是有积极意义的。那人摆着一副慈善家的面孔，吆喝一声"喂，来吃！"这个味道是不好受的。吃了这碗饭，第二步怎样呢？显然，他不会白白施舍，吃他的饭就要替他办事。那位穷人是有骨气的：看你那副脸孔、那个神气，宁可饿死，也不吃你的饭。

不食嗟来之食，表现了中国人民的骨气。

还有个例子。民主战士闻一多是在1946年7月15日被国民党枪杀的。在这之前，朋友们得到要暗杀他的消息，劝告他暂时隐蔽，他毫不在乎，照常工作，而且更加努力。明知敌人要杀他，在被害前几分钟还大声疾呼，痛斥国民党特务，指出他们的日子不会很长久了，人民民主一定得到胜利。毛主席在《别了，司徒雷登》一文中指出："许多曾经是自由主义者或民主个人主义者的人们，在美国帝国主义者及其走狗国民党反动派面前站起来了。闻一多拍案而起，横眉怒对国民党的手枪，宁可倒下去，不愿屈服。"高度赞扬他表现了我们民族的英雄气概。

孟子的这些话，虽然是在2000多年以前说的，但直到现在，还有它积极的意义。当然我们无产阶级有自己的英雄气概，有自己的骨气，这就是决不向任何困难低头，压不扁，折不弯，顶得住，吓不倒，为了社会主义、共产主义建设的胜利，我们一定能够克服任何困难，奋勇前进！

第6段是对第5段的概括、补充和小结。

第7段作者选用了一个流传千百年的故事，一个穷人"贫贱不能移"的典型事例。
(5)作者在这一段是怎样论证的？

第8段为了突出和强化中心论点，作者又单独成段，添上一笔："不食嗟来之食，表现了中国人民的骨气。"

第9段举出第三个事例。
(6)作者在这段举了谁的什么事例？这段论证有什么特点？

4—9段为文章第二部分，作者从不同的角度选用了三个证据，以三个人物形象作为典型例证，充分证明了"我们中国人是有骨气的"这一中心论点。

第10段总结全文，重申中心论点，表明坚定的信念。

(7)这段结尾部分总共有两句话。请解释两句话的含义并说明其作用。

名作赏析

本文是一篇优秀的说理短文。可学之处很多，我们着重从以下几方面学习：

一、切合题意，立意明确

文章题目是"谈骨气"，行文紧紧围绕题目展开，第一部分（第1—3段）即提出课文的中心论点——"我们中国人是有骨气的"。第二部分（第4—9段）以3个有骨气的人的典型事例为论据，采用叙述与议论相结合的方法，充分证明了"我们中国人是有骨气的"这个中心论点。第三部分（第10段）总结全文，重申中心论点"我们中国人是有骨气的"，表明坚定的信念。全文切合题意，立意明确。

二、处处点题，结构严密

第一部分（第1—3段）提出课文的中心论点——"我们中国人是有骨气的"，并用"我们中国人"加以限制，表明了本文议论"骨气"的范畴——只谈"我们中国人"的"骨气"。"我们"二字带有一种亲切感和民族自豪感。第3段作者纵观中华民族的漫长历史，点明"我们是有着优良革命传统的民族"，把"有骨气"上升到民族传统精神的高度来议论，使中心论点具有不可辩驳、锐不可当的气势。1—3段作为第一部分，紧扣文题，理清了概念，蓄足气势，为下文展开论证做了必要而又充足的准备。

第二部分（第4—9段）选用3个典型事例，通过摆事实的方法，从不同角度证明中心论点"我们中国人是有骨气的"。第4段领起第5—9段，第5段至第9段从不同的角度入手，以3个有骨气的人的典型事例为论据，采用叙述与议论相结合的方法，充分证明了"我们中国人是有骨气的"这个中心论点。

第三部分（第10段）总结全文，重申中心论点"我们中国人是有骨气的"，照应前文，表明坚定的信念。

三、论据充分，事例典型

第二部分（第4—9段）选用3个典型事例，通过摆事实的方法，从不同角度证明中心论点"我们中国人是有骨气的"。

第一个论据，作者选用了南宋名将文天祥威武不屈的事迹，是一个民族英雄的典型事例。

第二个论据，作者选用了中国古代一个穷人宁愿饿死也不吃嗟来之食的故事，是一个穷人"贫贱不能移"的典型事例。

第三个论据，作者引述了中国近代史上著名的民主战士闻一多先生的事迹，一个"威武不能屈"的典型实例。这段用作论据的内容包括两部分：一部分是事实论据——闻一多的动人事迹；另一部分是理论依据——毛泽东同志的评论。而作者的评论只有段末最后一句话。

四、叙议结合，感情真挚

本文议论说理时采用叙议结合的手法，感情真挚，起到了动人以情、晓人以理的艺术效果。第5段用的是夹叙夹议的写作方法。先简述事实：在元军破城攻入的危急关头，南宋丞相文天祥率众坚决抵抗；不幸战败被俘，文天祥大义凛然，忠贞不贰，写下"人生自古谁无死，留取丹心照汗青"的诗句对待敌人的劝降。一个民族英雄的形象跃然纸上。引用诗句之后，作者紧接着引发了"人总是要死的，就看怎样死法"的议论，自问自答。这是作者对人生价值的阐释，是对文天祥"丹心一片，永垂青史"的赞颂，是对读者的启发和引导。由于作者及时穿插了议论，并恰当地运用了设问句式，使文章的语言论辩性很强，极富说服力。最后讲述了故事的结局：文天祥在阴湿的地牢里，受尽折磨，坚决拒绝高官厚禄的收买，慷慨就义。这一段语言平实简洁，语气沉稳，语意直白，感情充沛，增强了论证的力量。

一枝红杏脱墙出，轻风新雨落凡尘
——跟周先慎学写观点明确的议论文

导师简介

周先慎（1935— ），四川成都崇州市人。1959年毕业于四川大学中文系。现为北京大学教授，中国古代文学专业博士生导师。曾先后应邀在德国洪堡大学、泰国朱拉隆功大学、瑞典斯德哥尔摩大学、香港树仁学院等校讲学。

他长期从事宋元明清文学史的教学和研究工作。主要研究古典小说艺术、《聊斋志异》、苏轼等。主要论著有《中国文学》《中国文学史参考资料简编（宋元明清部分）》《古典小说鉴赏》《中国四大古典悲剧》，以及《历代小说选》（合著）、《中国文学答问总汇》（合著）、《语文修养与中学语文教学》（合著）；主编有《聊斋志异欣赏》《苏轼散文赏析集》等。他的论著，文笔流畅，论析精细，学风严谨。

他同时还写作散文随笔，20世纪80年代初发表在《人民日报》上的《简笔与繁笔》，曾被选入高中语文课本。

写作指导

观点，就是议论文的论点，也就是作者对所议论的问题提出的见解与主张。我们谈论某个话题、评说某种现象，自己应该有明确的观点和看法，这个观点与看法就是议论文的论点。明确，就是要态度鲜明地表明支持什么、反对什么，肯定什么、否定什么。观点明确就是说提出问题直接明了，表明"是什么"的论点。

观点的确立要符合客观实际，不要陷入绝对和片面的境地，要实事求是，切合实际。

做到观点明确要注意几个问题：首先是论点的正确性，就是符合事物的客观规律，它和研究问题的立场、方法有关，也与事实、理论论据的积累有关。其次是论点的鲜明性，就是要立场鲜明、态度分明。肯定什么，否定什么，赞成什么，反对什么，都要明确表态，绝不能似是而非，模棱两可。明确提出要解决什么问题，各论点之间是什么关系，如何展开论述等。再次是论点的针对性，要根据读者思想实际立论，否则就是"无的放矢"。最后是论点的新颖性，不要重复别人说过的话或已经证明了的观点，应提出自己独到的见解，要有思想上的新意。

一篇议论文的中心论点明确，不仅表现在论点提炼得鲜明、深刻和新颖上，更表现在整篇文章的论证和整体效果上。论点在文章中出现，没有一定的规则，有的文章在开头出现论点，有的文章在中间出现论点，有的文章在结尾出现论点。一般来说，直接论证的文章，常常是"开门见山"提出论点；夹叙夹议的文章，常常是中间点题或"卒章显志"。

一、开宗名义

论点是作者对客观事物、社会现象做出的判断。这一思维的形态，用文字来表达，就应该是一个判断句或肯定句。作为论点，应该简短明白，高度概括。在议论的开始，用精当而概括的一两句话，开门见山、旗帜鲜明地提出自己对要议论问题的见解与主张，明确文章的中心论点。

周先慎的《简笔与繁笔》引入直接，文章一开始就正确指出"文章的繁简又不可单以文字的多寡论"，"简笔与繁笔，各得其宜，各尽其妙"，开宗名义，提出观点，简洁而明白。

这种开门见山提出论点的方法，在中学生作文中最常见、常用。这种方法的好处是简洁明了，使读者一开始就清楚知道全文论述的中心。在具体论证过程中，也容易做到条理清楚，层次井然。

二、释题明意

就是通过解释、分析文章的题目，使观点得以明确。清人刘熙载在《艺概·文概》中说："古人意在笔先，故得举止闲暇。后人意在笔后，故至手脚忙乱。"这话强调"意在笔先"、意熟于胸，方能从容不迫地写文章，否则就会手忙脚乱。

因此，通过释明题意，对自己提炼出来并选用的论点，要不断加深理解，加强认识，不仅使选材、说理方向明确，而且对将成的文章有一种整体的统摄感。一个精心于写作的人，绝不能忽视这一环节。只有做到这一点，才能使行文紧扣文题，思路集中，层次清晰。释明题意时要注意解释的准确性与科学性。

论点在自己头脑中牢固树立起来之后，在形成文章的过程中就要时时来突现它、证实它，始终把它作为一个宗旨来看待；不要转换论题，不要旁逸斜出，不要节外生枝。当然，论证要灵活，行文要摇曳多姿，文章要写得生动活泼，不是说每一句话都要和论点挂钩。但论点这个中心不可淡忘，"开千枝花，一本所系"，"意似主人，辞如奴婢"；不要出现"主弱奴强，呼之不至。穿贯无绳，散钱委地"的情况。这样做了，整个文章的统摄意识得到了贯彻，中心论点也将会得到极好的证明。

周先慎的《简笔与繁笔》在提出论点时，加以解释分析"言简意赅，是凝练、厚重；言简意少，却不过是平淡、单薄。'繁'呢，有时也自有它的好处"，自然地把观点引向"简笔与繁笔，各得其宜，各尽其妙"。

三、层层引申

即作者故意把笔宕开，先从远处说起，从一般说起，然后逐渐收笔，最后点出论点。这样，不仅能为论点增强牢固的理论基础，还有"深山藏古寺"的艺术魅力。用这种方法，在动笔之前，将与这问题有关的方面都想一想，下笔的时候，议论就获得一种向前的势头。有的由浅入深，有的由大到小，有的由点到面，有的由一般到具体，有的由此论到彼论。这样层层推进，就由事物现象揭示推进到事物的本质剖析。层层推进法能不断增强议论气势，但在运用时决不能平推平列，应该一个问题比一个问题深入。

四、联想明义

即由此及彼地联想发挥。作者的观点不是单刀直入，而是先从与原材料相类似的某件事情或某种现象写起，边叙边议，娓娓道来，再引出论点文章要阐述的论点。这种方法，便于由表及里地阐发事理，生动活泼，引人入胜。在使用过程中，要注意巧于调动与安排材料，有放有收，既要内容开阔，又要主旨鲜明。

常见失误

在议论文写作实践中，就论点而言，同学们常犯的错误有以下几点：

误区一：理解不够，疏漏要素

话题的要求可能是多元的，有的是谈几个因素的关系，有的是在中心词前加以修饰限制，有的是字面中暗含要素。审题立意时，一定要全面理解话题材料，确定一个严密的"论点"。全面的才是科学的。片面的观点，无论怎样论证，都不会有说服力的。因为它可能根本就是不正确的。

误区二：局部思考，偏离题意

我们只有站在辩证唯物主义的立场上，全面正确地理解材料、分析问题，才能准确地对问题做出判断。否则，仅凭一己感情，从一时一事出发，就会使确立的观点失之偏颇。这样的作文，非但起不到说服教育的作用，甚至可能会起反作用。

误区三：平均着力，不见重点

不去区分矛盾的主要方面和次要方面，不能突出重点，而是对材料的各要素平均使用笔墨。不见重点，也就难以做到观点明确。

误区四：错把话题当成命题

话题是一个多面性的论述对象，它包含着多方面的立意取向。而观点是很严密的很具体的。如果错误地把话题当成了命题，以话题为观点来进行论证，那就很难找到准确的切入点，很难组织安排材料。比如"答案是丰富多彩的"，就只是一个话题而非命题。很多考生以这句话为论点作文，因而思路拓展不开，缺少自己的创见。

导师名作

周先慎的《简笔与繁笔》是一篇文艺随笔，又是一篇典型的议论文。它生动活泼地论述了简笔和繁笔的关系、标准、途径，解决了文学创作上存在的问题，学习这篇文章，对现在的中学生仍有现实指导意义，有助于人们懂得简练为本的道理，并在说话写作中力求简练，培养良好的文风。

简笔与繁笔

周先慎

第1段：提出全文的中心论点——文章的繁简又不可单以文字的多寡论，并阐释立论的根据。

(1)解释画线词语：
言简意赅：
穷形尽相：

(2)什么是简笔？什么是繁笔？作者针对简笔和繁笔提出了什么观点？

第2段：以《水浒传》为例，说明简笔用得好则得宜尽妙。

第3段：以《水浒传》为例，说明繁笔用得好则得宜尽妙。

  从来的文章家都提倡简练，而列繁冗拖沓为作文病忌。这诚然是不错的。然而，文章的繁简又不可单以文字的多寡论。言简意赅，是凝练、厚重；言简意少，却不过是平淡、单薄。"繁"呢，有时也自有它的好处：描摹物态，求其穷形尽相；刻画心理，能使细致入微。有时，真是非繁不足以达其妙处。这可称为以繁胜简。看文学大师们的创作，有时用简：惜墨如金，力求数字乃至一字传神。有时使繁：用墨如泼，汩汩滔滔，虽十、百、千字亦在所不惜。简笔与繁笔，各得其宜，各尽其妙。

  一部《水浒传》，洋洋洒洒近百万言，作者却并不因为是写长篇就滥用笔墨。有时用笔极为简省，譬如"武松打虎"那一段，作者写景阳冈上的山神庙，着"破落"二字，便点染出大虫出没、人迹罕到景象。待武松走上冈子时，又这样写道："回头看这日色时，渐渐地坠下去了。"真是令人毛骨悚然。难怪金圣叹读到这里，不由得写了这么一句："我当此时，便没虎来也要大哭。"最出色的要数"林教头风雪山神庙"，写那纷纷扬扬的漫天大雪，只一句："那雪正下得紧。"一个"紧"字，境界全出，鲁迅先生赞扬它富有"神韵"，当之无愧。

  以上是说用简笔用得好。同一部《水浒传》有时却又不避其繁。看作者写鲁智深三拳打死"镇关西"。鼻上一拳，"打得鲜血迸流，鼻子歪在半边，却便似开了个油酱铺：咸的、酸的、辣的，一发都滚出来"。眼眶际眉梢又一拳，"打得眼棱缝裂，乌珠迸出，也似开了个彩帛铺的：红的、黑的、绛的，都绽将出来"。第三拳，"太阳上正着，却似做了一个全堂水陆的道场：磬儿、钹儿、铙儿，一齐响"。从味觉写，从视觉写，从听觉写，作了一大串形容，若是单从字面上求简，这三拳只须说"打得鲜血迸流，乌珠迸出，两耳轰鸣"，便足够了。然而简则简矣，却走了"神韵"，失掉了原文强烈地感染读者的鲁智深伸张正义、惩罚恶人时那痛快淋漓劲儿。

字面上的简不等于精练，艺术表现上的繁笔，也有别于通常所说的啰嗦。鲁迅是很讲究精练的，但他有时却有意采用繁笔，甚而至于借重"啰嗦"。《社戏》里写"我"早年看戏，感到<u>索然寡味</u>，却又<u>焦躁不安</u>地等待那名角小叫天出场，"于是看小旦唱，看花旦唱，看老生唱，看不知什么角色唱，看一大班人乱打，看两三个人互打，从九点多到十点，从十点到十一点，从十一点到十一点半，从十一点半到十二点，然而叫天竟还没有来"。在通常情况下，如果有谁像这样来说话、作文，那真是啰嗦到了极点。然而在这特定的环境、条件、气氛之下，鲁迅用它来表现一种复杂微妙、难以言传的心理状态，却收到了强烈的艺术效果。

刘勰说得好："句有可削，足见其疏；字不得减，乃知其密。"无论繁简，要是拿"无可削""不得减"作标准，就都需要提炼。但是，这提炼的功夫，又并不全在下笔时的字斟句酌。像上列几个例子，我相信作者在写出的时候并没有大费什么苦思苦索的功夫。只要来自生活，发诸真情，做到繁简适当并不是一件太困难的事。顾炎武引

第4段：以《社戏》为例，说明繁笔用得好则得宜尽妙。

(3)解释画线词语。
索然寡味：
焦躁不安：

(4)第2—4段运用了什么论证方法？

第2—4段：具体列举《水浒传》与《社戏》既用简笔也用繁笔的例子，说明不管是简笔还是繁笔，只要用得"各得其宜"，就会"各尽其妙"，从而证明了中心论点。

第5段：指出做到"繁简适当"的标准和途径。

(5)作者所说的繁简适当的标准和途径是什么？

(6)指出本段的论证方法。

第6段：指出"现今"创作上存在的拖沓累赘弊病及其成因，说明提倡简练为文的必要性。

(7) "背着一块石板在剧场里看戏"一句运用了什么修辞手法？

第7段：提倡简练为文。

第6、7段：指出"现今"创作上存在的"拖沓累赘"的较普遍的弊病及这种弊病的成因，说明"提倡简练为文，重议文章繁简得失"问题的必要性。

刘器之的话说："文章岂有繁简耶？昔人之论，谓如风行水上，自然成文，若不出于自然，而有意于繁简，则失之矣。"

现今，创作上有一种长的趋向：短篇向中篇靠拢，中篇向长篇靠拢，长篇呢，一部、两部、三部……当然，也有长而优、非长不可的，但大多数不必那么长，确有"水分"可挤。作品写得过长，原因很多，首先是对生活的提炼亦即艺术概括的问题，但艺术手法和语言表达的欠洗练也是不容忽视的一条。简而淡，繁而冗，往往两病兼具。有的作品内容确实不错，因为写得拖沓累赘，读起来就像是背着一块石板在剧场里看戏，使人感到吃力、头疼。而读大师们的名著呢，却有如顺风行船，轻松畅快。

感此，提倡简练为文，重议文章繁简得失这个老题目，也许并不算得多余。

名作赏析

本文是一篇文艺随笔，又是一篇典型的议论文。可学之处很多。我们可以从以下几方面学习：

一、观点明确

本文观点明确。文章阐述的是文章有繁有简，以简练为佳、繁冗为病，文字也有繁有简，简笔繁笔都可以运用得当、不违简练要求；也都有可能处置失当，犯下病忌的道理。文章开篇提出全文的中心论点——"文章的繁简又不可单以文字的多寡论"，并阐释立论的根据："言简意赅，是凝练、厚重；言简意少，却不过是平淡、单薄。'繁'呢，有时也自有它的好处：描摹物态，求其穷形尽相；刻画心理，能使细致入微。有时，真是非繁不足以达其妙处。这可称为以繁胜简。看文学大师们的创作，有时用简：惜墨如金，力求数字乃至一字传神。有时使繁：

用墨如泼，汩汩滔滔，虽十、百、千字亦在所不惜。简尽其妙。"不仅使人明白什么是简笔，什么是繁笔，而且……笔，各得其宜，各立论。观点明确，吸引读者阅读下文。………者为什么要这样

二、议论形象

作者深入浅出，议论说理形象生动，易于为读者接受。文章巧妙……比喻、对比手法，譬如用"背着一块石板在剧场里看戏"比喻读拖沓累赘的文章……力头疼，用"顺风行船"比喻读好文章之轻松畅快。如第一段"言简意赅，是凝练……言简意少，却不过是平淡、单薄"，对比写出简的好与不好两种情况；"……大师们的创作，有时用简：惜墨如金，力求数字乃至一字传神。有时使繁：……如泼，汩汩滔滔，虽十、百、千字亦在所不惜"，是对繁简两种笔法做对比说明。

这样的道理加之这样的议论，读者很容易接受。而文中所言文章繁简的道理就是对现在的中学生也有现实指导意义，有助于他们懂得简练为本的道理，并在说话写作中力求简练，以培养良好的文风。

三、思路严密，结构紧凑

本文思路的起点是在前人观点的基础上提出自己的观点并进行阐述；接着举简笔繁笔的范例进行论证；在此基础上，引用古人论述，提出文章繁简的标准和途径；认识明确后，指出当今创作上存在的问题和原因，最后针对性地提出简练为本的主张。思路终点落在解决问题的写作意图上。

这种严密还体现在内部层次的安排上。如文章第1段提出全文的中心论点并阐释立论的根据。这一段内有3个小的层次：1—3句为第1层，提出中心论点：文章的繁简不可单以文字多寡论。这一层3个句子，思路是从"从来的文章家"在繁简问题上的主张出发的，接着提出自己的见解，一分为二有所肯定，又指出偏颇。4—7句为第2层，阐释为什么文章的繁简不可单以文字多寡论。作者分析了简与繁的两个方面，简有"言简意赅"与"言简意少"之分，后者是缺点，前者却是难得的优点；连同作者所赞同的"文章家"的见解，繁也有"繁冗拖沓"与"以繁胜简"之分，前者虽是缺点，后者也是难得的优点。这一层是中心论点立论的根据，也就是对"单以文字多寡"论"繁简"的武断做法的否定。8—10句为第3层，摆事实，总结大师的创作经验，简笔与繁笔，都可得宜尽妙。以文学大师们的创作为例，证明简笔与繁笔只要用得"各得其宜"，就能"各尽其妙"。这一层既是对中心论点的证明，又领起下文，为下文列举文学大师的创作既用简笔也用繁笔的具体范例引线。

四、语言精辟,记叙之实生动,繁简自如。如第2、3、4段,作者具体列举《水浒传》与《社戏》用简笔也用繁笔的例子,说明不管是简笔还是繁笔,只要用就会"各尽其妙",从而证明了中心论点。作者在举例后用"真得""各得其宜""境界全出""富有神韵"等词语,写出自己的感受,并不作空洞的议论。这本身就是繁简运用的典型例子,对读者具有指导作用。

腹有诗书气自华，眼前可下三千字

——跟钱钟书学写论据充实的议论文

导师简介

钱钟书（1910—1998），江苏无锡人，原名仰先，字哲良，后改名钟书，字默存，号槐聚，曾用笔名中书君，中国现代著名作家、文学研究家，曾任中国社会科学院副院长。

1929年，考入清华大学外文系。1932年，在清华大学古月堂前结识杨绛。1937年，以《十七、十八世纪英国文学中的中国》一文获牛津大学艾克赛特学院学士学位。1941年，完成《谈艺录》《写在人生边上》的写作。1947年，长篇小说《围城》由上海晨光出版公司出版。1958年创作的《宋诗选注》，列入中国古典文学读本丛书。1972年3月，62岁的钱钟书开始写作《管锥编》。1976年，由钱钟书参与翻译的《毛泽东诗词》英译本出版。1982年，创作的《管锥编增订》出版。

钱钟书的记忆能力超凡，精通多种语言，能背诵无数的诗词和文献，能将经史子集随手拈来并分析得头头是道。

钱钟书学富五车、才高八斗，被誉为是"博学鸿儒""文化昆仑"。

钱钟书还是个幽默大师，他健谈善辩，口若悬河，舌灿莲花，隽思妙语，常常令人捧腹。他的健谈雄辩大有孟子、韩愈遗风。

写作指导

论据,是证明论点的根据。论据充实,就是言之有物,持之有据。一篇议论文中,提出论点以后,还必须举出事实、讲出道理来证明论点的正确性,这些证明论点的事实和道理就是论据。在逻辑学上,它是用来确定论题的真实性的那些判断。在证明中,它担负着回答"为什么"的任务。

议论文当中必须要有正确而鲜明的观点,即论点。要有充分而准确的材料,即论据。可以说没有材料或材料不充分,观点就缺乏支撑,议论就显得空洞乏力;同样,材料不准确或事实不真实,观点就不能令人信服。因此,议论文中论据发挥着重要的作用。

论据依据其本身的性质和特征,可分为事实性论据和理论性论据两类。

事实性论据是对客观事物的真实的描述和概括,具有直接现实性的品格,因此是证明论点的最有说服力的论据。所谓"事实胜于雄辩"就是这个道理。作为论据的事实,包括现实事例、史实以及统计数字等。这些事实必须真实,不能臆造或虚构,建立在虚假事实基础上的论点是站不住脚的。"摆事实"是写好议论文的基础,只有在充分摆事实的前提下,才能更好地"讲道理"。如果事例论据使用不当,就不能证明论点或降低说服力。在考场上,如何在有限的卷面和时间内以尽可能少的文字选用好事例,达到充分有力地证明中心论点的目的,这确实是大有讲究的。为了保证事实的真实性,引用的材料要有出处,要检查核对,要准确可靠。

理论性论据是指那些来源于实践,并且已被实践长期证明和检验过,断定为正确的观点。作为论据的道理,它的正确性应该是为人们所公认的。马列主义、毛泽东思想,是经过革命实践检验和证明了的真理,具有很强的说服力,可以作为论据。自然科学中的原理、定律、公式,还有一些在历史或现实生活中做出贡献的仁人志士的言论以及流传于世的谚语、格言,只要它们是正确的,是揭示了事物本质规律的、富有深刻哲理的,同样可以做论据。但引用时要严肃慎重,不能断章取义,牵强附会,更不能歪曲篡改。同时,要彻底弄懂有关论述的精神实质,做到完整、准确。

所谓论据充实,首先指所选用的材料必须与所论证的观点一致,其次指论据应该能够从不同的侧面、不同的层次论证论点。所谓最恰当的论据,就是真实典型、确凿可靠、能充分有力地证明论点,使论点具有无可辩驳的说服力的论据。一句话,就是最能符合论点需要、为论点服务的论据。钱钟书的《论快乐》一文,旁征博引,选取了极为丰富的论据材料，从古到今，从中国到外国，从文字领域到哲学领域，理趣与情趣结合得恰到好处，充分有力地论证了中心论点。

选择、运用论据来证明论点，有几个基本要求：

一、论据要紧扣论点

论据是为论点服务的，选择论据时必须紧扣中心论点，做到观点与材料的高度统一。游离于观点之外或与论点擦肩而过的论据，都不是好论据，也就不能很好地证明观点。

二、论据材料要典型、充分

论据选择并不是越多越好。材料太多，会使文章显得重复堆砌，即使是很好的材料也发挥不了应有的作用。但反过来说，也不是越少越好，材料不足，论点会站不住脚，文章就没有说服力。因此论据既要选得典型、有代表性，又要做到恰到好处，充分证明论点。钱钟书先生在《论快乐》中选取《西游记》中小猴子对孙行者说的话"天上一日，下界一年"及段成式《酉阳杂俎》中的"鬼言三年，人间三日"，寥寥数语就阐明了"快乐"与"活得太快"的关系，这是典型而又充分的论据。

三、恰当运用事实论据

议论文中的事实是作为论据使用的，与记叙文中表述方法不同。记叙文中叙事必须完整具体，而议论文中的事实论据必须简明扼要。有的同学正是因为不会使用事实论据，把作论据的事实叙述得过于具体、详细而缺少必要的议论，就会改变议论文的文体特点，使文章不伦不类或写成了事实加结论的文章。

明白了以上这些，同学们在写作议论文时就能正确使用论据去有力地解决"为什么"的问题了。

常见失误

论据是用来论证论点的，在使用论据时，同学们常犯以下的错误：

误区一：论据张冠李戴，牵强附会

有的论据，本身是很好的事例或理论，但未必符合某个论点。有的同学看它好，拿来便用，马马虎虎地选来敷衍充数，结果论点论据两不相合。可见，在议论文的写作当中，抓住论点和论据之间的内在联系，始终坚持论点统帅论据，论据服务于论点，使之最切合论点的需要，才称得上是最恰当的论据，否则就会给人牵强附会之感。

　　误区二：论据缺乏新颖性和典型性

　　一篇文章中，论据倒是不少，但整篇文章却毫无生气，其中原因：一是所用论据过于陈旧，都是些尽人皆知的"陈谷子、烂芝麻"，文章也就没有一点新鲜感了。二是所用论据缺少典型性、代表性，只是一时一地的某种特殊现象，不能反映事理。如果以此为证，则是以偏概全。

　　所以要选择最恰当的论据，要选择新颖的时代感较强的新鲜材料，注意论据的推陈出新，同时还要注意所用论据的典型性。

　　误区三：从同一角度选择论据，使论证缺少深刻性

　　从同一角度选择论据，就缺乏广度和深度，导致论据复沓单调，论证也就显得以偏概全、苍白无力；而从不同角度选择论据，既丰富全面，使论证广泛展开，又典型精练，使文章严谨有力。

　　误区四：以叙代议，对论据缺少分析

　　对于所选的事实材料，一定要高度概括，并加以适当的议论。有时，选择的一个论据应该是很有说服力的，可就是在论证时使不上劲，怎么看都是论点论据两张皮，扯不到一块。原因是一个可作为论据的具体材料，往往具有多面性，如果从不同的角度去分析，就可发掘出不同的意义，往往能同时说明许多道理。

　　所以，要注意对论据的灵活剪裁，使它呈现出有利于我们的论点的一面，而不是简单地使用甚至堆砌。

导师名作

　　钱钟书的《论快乐》是一篇探索人生哲理的议论文，包蕴着深刻的社会意义。作者用冷峻的眼光看社会，以深刻独到的见解谈人生，充满哲理，令人深思。尤其是比喻论证手法的巧妙运用，不仅使得文章文采斐然，而且使得议论深入浅出，活泼灵动，通篇蕴含着浓郁的幽默情趣。

论快乐

钱钟书

在旧书铺里买回来维尼（Vigny）的《诗人日记》（Journald'unpote），信手翻开，就看见有趣的一条。他说，在法语里，喜乐（bonheur）一个名词是"好"和"钟点"两字拼成，可见好事多磨，只是个把钟头的玩意儿（Silebonheurn'taitqu'unebonnedenie!）。我们联想到我们本国话的说法，也同样的意味深永，譬如快活或快乐的"快"字，就把人生一切乐事的飘瞥难留，极清楚地指示出来。所以我们又慨叹说："欢娱嫌夜短！"因为人在高兴的时候，活得太快，一到困苦无聊，愈觉得日脚像跛了似的，走得特别慢。德语的沉闷（langweile）一词，据字面上直译，就是"长时间"的意思。《西游记》里小猴子对孙行者说："天上一日，下界一年。"这种神话，确反映着人类的心理。天上比人间舒服欢乐，所以神仙活得快，人间一年在天上只当一日过。以此类推，地狱里比人间更痛苦，日子一定愈加难度；段成式《酉阳杂俎》就说："鬼言三年，人间三日。"嫌人生短促的人，真是最快活的人；反过来说，真快活的人，不管活到多少岁死，只能算是短命夭折。所以，做神仙也并不值得，在凡间已经三十年做了一世的人，在天上还是个初满月的小孩。但是这种"天算"，也有占便宜的地方：譬如戴君孚《广异记》载崔参军捉狐妖，"以桃枝决五下"，长孙无忌说罚得太轻，崔答："五下是人间五百下，殊非小刑。"可见卖老祝寿等等，在地上最为相宜，而刑罚呢，应该到天上去受。

"永远快乐"这句话，不但渺茫得不能实现，

第1段：由法语联系到本国语言、德语，并深入人的心理，说明快乐是短暂的。

(1)为加线字注音。
跛：
似的：
沉闷：

(2)第1段引用哪些材料论证说明自己的观点？

第2段：承接第1段，说明"永远快乐"是不可能实现的。

第1—2段：先从语言和心理的角度分析"快"与"乐"的关系，接着指出"快乐无法永远"。

第3段：指出"快乐的引诱，不仅像电兔子和方糖，使我们忍受了人生，而且仿佛钓钩上的鱼饵，竟使我们甘心去死"。
(2)第3段中作者多处运用比喻手法论证。请找出两处并说明这样写的好处。

第4段：说明一切快乐的享受都是属于精神的。

并且荒谬得不能成立。快乐的决不会永久；我们说永远快乐，正好像说四方的圆形，静止的动作同样地自相矛盾。在高兴的时候，我们的生命加添了迅速，增进了油滑。像浮士德那样，我们空对瞬息即逝的时间喊着说："逗留一会儿罢！你太美了！"那有什么用？你要永久，你该向痛苦里去找。不讲别的，只要一个失眠的晚上，或者有约不来的下午，或者一课沉闷的听讲——这许多，比一切宗教信仰更有效力，能使你尝到什么叫做"永生"的滋味。人生的刺，就在这里，留恋着不肯快走的，偏是你所不留恋的东西。

快乐在人生里，好比引诱小孩子吃药的方糖，更像跑狗场里引诱狗赛跑的电兔子。几分钟或者几天的快乐赚我们活了一世，忍受着许多痛苦。我们希望它来，希望它留，希望它再来——这三句话概括了整个人类努力的历史。在我们追求和等候的时候，生命又不知不觉地偷度过去。也许我们只是时间消费的筹码，活了一世不过是为那一世的岁月充当殉葬品，根本不会想到快乐。但是我们到死也不明白是上了当，我们还理想死后有个天堂，在那里——谢上帝，也有这一天！我们终于享受到永远的快乐。你看，快乐的引诱，不仅像电兔子和方糖，使我们忍受了人生，而且仿佛钓钩上的鱼饵，竟使我们甘心去死。这样说来，人生虽痛苦，却不悲观，因为它终抱着快乐的希望；现在的账，我们预支了将来去付。为了快活，我们甚至于愿意慢死。

穆勒曾把"痛苦的苏格拉底"和"快乐的猪"比较。假使猪真知道快活，那么猪和苏格拉底也相去无几了。猪是否能快乐得像人，我们不知道；但是人会容易满足得像猪，我们是常看见的。把快乐分肉体的和精神的两种，这是最糊涂的分析，一切快乐的享受都属于精神的，尽管快乐的原因是肉体上的物质刺激。小孩子初生了下来，吃饱了奶就乖乖地睡，并不知道什么是快活，虽然它身体感觉舒服。<u>缘故</u>是小孩子时的精神和肉体还没有分化，只是<u>混沌</u>的星云状态。洗一个澡，看一朵花，吃一顿饭，假使你觉得快活，并非全因为澡洗得干净，花开得好，或者菜合你口味，主要因为你心上没有挂碍，轻松的灵魂可以专注肉体的感觉，来欣赏，来审定。要是你精神不痛快，像将离别时的筵席，随它怎样烹调得好，吃来只是土气息，泥滋味。<u>那时刻的灵魂，仿佛害病的眼怕见阳光，撕去皮的伤口怕接触空气，虽然空气和阳光都是好东西。</u>快乐时的你一定心无愧怍。假如你犯罪而真觉快乐，你那时候一定和有道德、有修养的人同样心安理得。有最洁白的良心，跟全没有良心或有最漆黑的良心，效果是相等的。

　　发现了快乐由精神来决定，人类文化又进一步。发现这个道理，和发现是非善恶取决于公理而不取决于暴力，一样重要。公理发现以后，从此世界上没有可被武力完全屈服的人。发现了精神是一切快乐的根据，从此痛苦失掉它们的可怕，肉体减少了专制。<u>精神的炼金术能使肉体痛苦都变成快乐的资料。</u>于是，烧了房子，有庆贺的人；一箪食，一瓢饮，有不改其乐的人；千灾百毒，有谈笑自若的人。所以我们前面说，人生虽不快乐，而仍能乐观。譬如从写《先知书》的所罗门直到做《海风》诗的马拉梅（Mallarmé），都觉得文明人的痛苦，是身体困倦。但是偏有人能苦中作乐，从病痛里滤出快活来，使健康的消失有种赔偿。苏东坡诗就说："因病得闲殊不恶，安心是药更无方。"王丹麓《今世说》也记毛稚黄善病，人以为忧，毛曰："病味亦佳，第

(4)请赏析"那时刻的灵魂，仿佛害病的眼怕见阳光，撕去皮的伤口怕接触空气，虽然空气和阳光都是好东西"一句。

(5)为加线字注音。
缘故：
混沌：

(6)解释下列词语。
愧怍：
心安理得：

第3—4段：谈快乐在人生中的地位，它是人生永远的诱惑和希望，而快乐是由精神决定的。指出"一切快乐的享受都属于精神的，尽管快乐的原因是肉体上的物质刺激"一句话的含义。

第5段：指出发现了精神是一切快乐的根据，人生仍能快乐。

(7)请赏析"精神的炼金术能使肉体痛苦都变成快乐的资料"一句。

(8)第5段运用了哪些论据，请列举出来。

不堪为躁热人道耳！"在着重体育的西洋，我们也可以找着同样达观的人。工愁善病的诺凡利斯（Novalis）在《碎金集》里建立一种病的哲学，说病是"教人学会休息的女教师"。罗登巴煦（Rodenbach）的诗集《禁锢的生活》（*Les Vies Encloses*）里有专咏病味的一卷，说病是"灵魂的洗涤（puration）"。身体结实、喜欢活动的人采用了这个观点，就对病痛也感到另有风味。顽健粗壮的十八世纪德国诗人白洛柯斯（B.H.Brockes）第一次害病，觉得是一个"可惊异的大发现（Ein ebewunderungswrdigeErfindung）"。对于这种人，人生还有什么威胁？这种快乐，把忍受变为享受，是精神对于物质的最大胜利。灵魂可以自主——同时也许是自欺。能一贯抱这种态度的人，当然是大哲学家，但是谁知道他不也是个大傻子？

是的，这有点矛盾。矛盾是智慧的代价。这是人生对于人生观开的玩笑。

第6段：指出上述两个结论的矛盾之处。以一句"矛盾是智慧的代价"作结，将这一话题上升到哲学层面。引发读者作进一步思考。

第5—6段：指出正是由于上述原因，人生仍能快乐。

名作赏析

本文是一篇哲理意味浓厚的随笔，也是一篇议论名篇。可学之处很多。我们可以从以下几方面学习：

一、论据充实，征引繁富

作者目光敏锐，想象丰富，思路极为开阔。所涉及和引证的材料、例证，随手拈来，恰到好处。就国别而言，有中、法、德、古希腊、以色列等。典籍有《西游记》《广异记》《诗人日记》《碎金集》等。知识则涉及语言学、神话、宗教、哲学、美学、疾病的文化学等。其特点是熔学识、智慧、知识、理趣、才情、辞采、感性、情趣于一炉，使读者在欣赏中得到一种智性的满足。

二、思路开阔，结构严谨

作者从不同角度、不同层面上反复阐述了对快乐的种种理解，文意层层见深。本文思路开阔，结构严谨。文章的第一部分（第1—2段）从不同民族的语言、心理和文化角度说明了快与乐的关系，提出了中心论点：快乐不会永远。第二部分（第3—4段）分析快乐在人生中的地位，指出——"快乐是由精神决定的"。第三部分（第5—6段）将第一部分、第二部分的分论点结合起来，说明文章的主题，既然快乐是由人的精神来决定的，那么对快乐的追求与把握就成了人生永不悲观的精神源泉。

三、学识广博，语言精练生动

钱钟书在《写在人生边上》的序言中表述过这样的意思：人生是一部大书，他只是以一种业余消遣者的随便和从容，随手在书边空白处留下零星随感。然而，学者的智慧与冷峻、深刻与广博依然从这一份随意之中透露出来。

作者看社会，眼光冷峻；说人生，体味独到，充满哲理内涵，处处发人深思。引述古今中外许多名人名言、诗词小说，思路八方投射，意理却融贯凝聚，语言十分精练。

四、比喻论证，手法独到

比喻的修辞手法的巧妙运用，不仅使得文章文采斐然，而且使得议论深入浅出，活泼灵动，通篇蕴含着浓郁的幽默情趣。可以说是作者以一种幽默的情趣，为文章披上一件微笑的外衣，轻者令人莞尔，重者令人喷饭，笑过之后又让人沉思良久，再三咀嚼回味。

具体来说，在论述有关"快乐"的以下观点时，比喻的运用尤为出彩：

1. 快乐是人生永远存在的一种诱惑。

（1）"快乐在人生里，好比引诱小孩子吃药的方糖，更像跑狗场里引诱狗赛跑的电兔子。"

人在一生中要忍受许多痛苦，但是那几分钟或者几天的快乐就赚我们活了一世，这里用"引诱小孩子吃药的方糖"和"跑狗场里引诱狗赛跑的电兔子"来比喻快乐对人生的诱惑作用，体现出对世事的达观、洞悉，形象鲜明，意蕴深刻。

（2）"快乐的引诱，不仅像电兔子和方糖，使我们忍受了人生，而且仿佛钓钩上的鱼饵，竟使我们甘心去死。"

人活一世，虽然痛苦，却不悲观，因为可以始终抱着快乐的希望——死后有个天堂在等待我们。那快乐的希望就好像"鱼饵"，而我们就好像明知钓钩有危险仍要去抢食饵料的鱼儿一般。所以作者才说"为了快活,我们甚至于愿意慢死"。这里的比喻体现出一种高卓的智慧,表达了作者对人生面对快乐的诱惑而无怨无悔的揶揄和嘲讽。

2. 快乐是属于精神的。

"那时刻的灵魂,仿佛害病的眼怕见阳光,撕去皮的伤口怕接触空气,虽然空气和阳光都是好东西。"

"一切快乐的享受都属于精神的,尽管快乐的原因是肉体上的物质刺激。"为了说明这一道理,作者首先借生活中常见的事例来分析,"洗一个澡,看一朵花,吃一顿饭,假使你觉得快活,并非全因为澡洗得干净,花开得好,或者菜合你口味,主要因为你心上没有挂碍,轻松的灵魂可以专注肉体的感觉,来欣赏,来审定。要是你精神不痛快,像将离别时的筵席,随它怎样烹调得好,吃来只是土气息,泥滋味。"由于离别,哪怕面对的是美味佳肴,精神也是痛苦的,这里用"害病的眼怕见阳光,撕去皮的伤口怕接触空气"来比喻内心的痛苦,透着灵性,寓意深刻,而又深入浅出,耐人寻味。

3. 精神可以使肉体痛苦变成快乐。

"精神的炼金术能使肉体痛苦都变成快乐的资料。"

人生常常遭遇痛苦,但精神却可以改变它,使人乐观,使人能够苦中作乐。这时,精神就变成了炼金术,肉体的痛苦就可以变成精神上的快乐。"烧了房子,有庆贺的人;一箪食,一瓢饮,有不改其乐的人;千灾百毒,有谈笑自若的人。"这里的比喻寓意深刻而又容易让人接受,体现出作者广博的知识、敏捷的思维。

4. 快乐能把忍受变为享受。

"病是教人学会休息的女教师。"

疾病也是常常遭遇到的痛苦之一。有了病,当然是痛苦的,但如果换个角度来看,病了可以从紧张忙碌的生活中停下来休息一下。此时,疾病就仿佛一位温柔的女教师,轻声教导你要好好休息,这样我们就可以从病痛里滤出快活来,使健康的消失获得赔偿,从而使对病痛的忍受变为快乐的享受。这里的比喻新奇贴切,灵性十足,趣味横生。

索楼回转巧雕琢，结构妙应七星剑
——跟宗白华学写论证结构严密的议论文

导师简介

宗白华（1897—1986），曾用名宗之櫆，字白华、伯华，江苏常熟虞山镇人。中国现代哲学家、美学大师、诗人。1916年8月在上海《时事新报》副刊《学灯》任编辑、主编。他将哲学、美学和新文艺的新鲜血液注入《学灯》，使之成为五四时期著名的四大副刊之一。宗白华是我国现代美学的先行者和开拓者，被誉为"融贯中西艺术理论的一代美学大师"，著有《宗白华全集》及美学论文集《美学散步》《艺境》等。他在《美学散步》中指出，主观的生命情调与客观的自然景象交融互渗，成就的灵境是构成艺术之所以为艺术的"意境"。他将意境称为中国古代画家诗人"艺术创作的中心之中心"，道出了中国艺术美的精神所在。

写作指导

结构是指文章的组织方式和内部构造，是文章思路的外化。文章的内容要通过结构的组织安排才能表达出来，文章的主题也要通过结构来加以凸现。

论证结构是议论文的总体设计。设计精当，就有利于做到观点鲜明正确。结构合理，条理清楚，作者的见解与主张就易于被别人接受，就能征服读者。

要做好议论文的总体设计,必须认真分析与研究文章中要阐明的观点和材料，弄清材料与观点之间的关系，这个材料与那个材料之间的关系，然后形成一个合乎逻辑的思路，进而合理有序地安排文章的论证结构。形式上有头有尾，前后照应，上下连贯；逻辑上线索清晰，层次分明，顺序恰当，段落合理。

合理安排论证结构可使论证严密，可以更好地阐明中心思想，确立论证观点，用论证的逻辑力量来征服读者。常用的论证结构有以下几种：

一、并列式

并列式也叫平列式。其安排特点是，首先提出一个论证总题，在本论部分围绕总题列出几个平行的具体论点，分别予以论证，从各个方面阐释总题，做出结论。

写作时，根据需要，大体有两种情况：

1.为了论述方便，说理清楚透彻，把文章的论点进行分解，分成几个分论点。这些分论点之间的关系是平行的、并列的，即把证明论点的若干分论点（两个以上）并列起来，或者把证明论点的各个论据并列起来，使文章的条理更为清晰。如吴晗的《谈骨气》一文就紧扣"富贵不能淫，贫贱不能移，威武不能屈"，采用并列式结构展开论证，三个方面彼此照应，相互并列，使论证条理分明，思路清晰，论证有力。

2.在论证过程中，为了充分摆事实、讲道理，把几个论据并列起来。并列关系的顺序可以灵活安排，但是应该考虑并列关系的几个方面的轻重程度及其相互关系。一般来说，应把最重要的放在最前面。当然，有时几个并列的方面并没有程度的差别，安排顺序时只要符合一般的思维习惯就可以，不一定有严格的次序。

二、对照式

对照式就是把两种事物（或意思）加以对比，或者是用另一事物（或意思）来烘托这一事物，目的是通过两个方面的对照，突出说明一个方面的正确性。因此，写作中往往是对一个方面用墨多些，作为论述的重点，另一方面却起陪衬的作用。把两种态度、两种看法、两种主张对照起来写，比较它们之间的长短优劣，从而更加鲜明地论证自己的观点。也可用内容相反的两个论据从正反两个方面来说明论点。臧克家的《纳谏与止谤》前面4段称赞齐威王纳谏的气度和胸怀，这是重点；第5段过渡后，再以召公的事情与前文对照，批评厉王"止谤"。文章告诫人们，应该听取群众意见，改进工作。这样写的好处是布局上对比鲜明、主次明确、论点突出。

三、层进式

又称递进式。它的安排特点是根据各层次之间的层层深入、步步发展的关系来进行论述。后边的论证是在前边论证的基础上进行的,前后是逐层深入、步步推进的关系,各层的前后顺序有严格要求,不能随意改动。常常按照由浅入深,由简单到复杂,由具体到抽象或由抽象到具体,由读者熟悉的到读者不熟悉的顺序展开论述。从全篇看,是按照"提出问题—分析问题—解决问题"或"是什么(概念)—为什么(原因)—怎么办(方法)—怎么样(意义、作用、结果)"的思路安排的。

第一步:提出问题。即在文章开篇首先明确提出论点,给人以论点鲜明的印象。当然,也可以说明论证的背景、缘由等有关前提,通过简单引述,提出论点。

第二步:分析问题。即在提出论点后,运用论据阐述,分析问题。选用史实或寓言、传说、历史掌故、名人事例指出论点具有的一般意义,并联系现实生活,运用现实生活中的事例作论据,对论点加以阐述。

第三步:解决问题。在前面双重的事实论据论证的基础上,进行综合分析,以进一步揭示论点在当代的现实意义,或者提出解决问题的思路和方法,对全文加以总结。

四、总分式

总分式的完整形式是"总—分—总"式,这类文章往往在序论部分首先提出中心论点,而在本论部分将中心论点分成几个基本上是横向展开的分论点,一一进行论证,最后在结论部分加以归纳、总结和必要的引申。简言之,即是"提出论点—用论据证实论点—做出结论"。在具体写作中,总分式是要把论证的层次之间体现为总说与分说的关系。可以先总后分,也可以先分后总,可根据文章表现的中心确定。

以上是议论文结构安排的四种基本形式。形式是为内容服务的,究竟采取哪种形式,这要根据文章内容的需要决定。

常见失误

误区一:不能精心安排结构

不少同学只知道议论文是论点、论据、论证三部分,于是提出论点后堆砌材料,以为只要有大量的论据就自然能证明论点,忽视了论证结构在其中起的重要作用。对观点和材料缺乏必要的分析和研究,只停留在表面的一般认识上,忽略了它们之间的内在联系。文章结构松散，缺乏说服力。

误区二：分论点数量失宜

考场作文中，不少同学选择的分论点数量不当。在800字的篇幅内，一般选择3至5个分论点为宜。如果太多或太少，都会使论证失当。各分论点之间处于同等地位，不能重复，不能相互包括，也不能相互交叉。

导师名作

这篇议论文短小精悍，结构清晰。通过对古印度学者的态度和欧洲中古学者的精神的论述点出学者的责任是探求真理，并对中国学者提出了希冀。

学者的态度与精神

宗白华

第1段，开门见山，点出作者所佩服的是古印度学者的态度和欧洲中古学者的精神。

第2、3段，详细论说了印度学者的态度以及论辩失败后"决不作强辩，决不作遁词，更没有无理的谩骂，话出题外，另生枝词"，并由此引出作者对这种品质与态度的佩服。

（1）古印度学者辩论的态度是怎样的？

我向来最佩服的，是古印度学者的态度；最景仰的，是欧洲中古学者的精神。

古印度学者的态度怎么样？他们的态度就是：绝对地服从真理，猛烈地牺牲成见。

古印度学说的派别将近百种。他们互相争辩的激烈程度，可想而知；但他们争辩的态度却很可注意！当未辩论以前，那辩论者往往宣言："若辩论败了，就自杀以报，或皈依做弟子。"辩论之后，那辩论败的不是立刻自杀，就是立刻皈依做弟子。决不作强辩，决不作遁词，更没有无理的谩骂，话出题外，另生枝词的现象，像我中国学者的常态。这种态度，你看可佩服不佩服？这才真是"只晓得有真理，不晓得有成见"呢！这就是古印度学者的态度，我希望中国的新学者也有这种态度！

欧洲中古学者的精神又怎么样呢？他们的精神就是：宁愿牺牲生命，不愿牺牲真理。

欧洲中古时的学者，因发明真理，拥护真理，以致焚身或入狱的，很不鲜见。他们那为真理而牺牲生命时所受的痛苦，若给中国学者看了，很觉得不值得。但真理却因此昌明了！人类却因此进化了！那学者一时的生命与痛苦又算得什么，那学者的心中只晓得真理的价值，不晓得自己生命的价值，这才真正是学者的精神。

总之，学者的责任，本是探求真理，真理是学者第一种的生命。小我的成见与外界的势力，都是真理的大敌。抵抗这种大敌的器械，莫过于古印度学者服从真理，牺牲成见的态度；欧洲中古学者拥护真理，牺牲生命的精神。这种态度，这种精神，正是我们中国新学者应具的态度，应抱的精神！

（选自《百年老课本》，天津古籍出版社，有改动）

第4、5段论述欧洲中古学者的态度。

（2）第5段谈欧洲中古学者的精神时，提到"中国学者"有什么作用。请加以分析。

第6段，总结全篇，指出学者的责任和中国学者所应该具有的态度和精神。

（3）梳理本文的论证结构。

名作赏析

本文在结构上采取了常见的"总—分—总"式。

开篇即开门见山提出"我向来最佩服的，是古印度学者的态度；最景仰的，是欧洲中古学者的精神"。

紧接着分两部分分别论述了"古印度学者的态度是：绝对地服从真理，猛烈地牺牲成见"；"欧洲中古学者宁愿牺牲生命，不愿牺牲真理"。

最后，总结全文："学者的责任，本是探求真理，真理是学者第一种的生命"。提出中国新学者应具有古印度学者的态度，应抱有欧洲中古学者的精神。

全文结构清晰，用意深刻，体现出老一辈学者的品质与对中国新学者的期许，发人深思。

见繁削去留清骨，万紫千红总是春

——跟吕叔湘学写恰当使用论证方法的议论文

导师简介

吕叔湘（1904—1998），江苏丹阳人，原名吕湘，字叔湘。我国语言学界的一代宗师，一直孜孜不倦地从事语言教学和语言研究，涉及一般语言学、汉语研究、文字改革、语文教学、写作和文风、词典编纂、古籍整理等领域。

吕叔湘先生的研究重点是汉语语法。主要著作有《中国文法要略》《汉语语法分析问题》《汉语语法论文集（增订本）》《语法修辞讲话》（与朱德熙合著）等。吕叔湘先生参与撰述并审订了《现代汉语语法讲话》，直接参加了"暂拟汉语教学语法系统"的制订工作。吕叔湘先生还是我国最具社会影响力的词典《现代汉语词典》的前期主编和我国第一部语法词典《现代汉语八百词》的主编。

中华人民共和国成立之后，吕叔湘先生亲自主持和参与了许多重大语文活动和语文工作计划的制订，他在近代汉语研究方面的总体成就，不仅填补了白话语法研究的空白，而且具有方法论上的示范作用，为我国语言学科的发展指明了方向，为我国语言学的研究做出了重要的贡献。

写作指导

议论文的论点和论据是通过论证组织起来的，论证是运用论据来证明论点的过程和方法，是论点和论据之间的逻辑关系的纽带，论点解决"需要证明什么"，论据解决"用什么来证明",论证解决"怎样证明"。在写作议论文的过程中,恰当地使用论证方法是必要的。

议论文的种类很多,就其性质而言,可分为立论、驳论、立驳结合三种方式。立论重在证明自己的观点。驳论重在反驳对方论点,它的论证方法有驳论点、驳论据、驳论证过程的荒谬等。立驳结合的议论文,可先破后立,也可先立后破。具体论证方法是通用的,主要有例证法、喻证法、引证法、对比法、归纳法、演绎法、类比法等。

一般来说,我们常用到下面的论证方法:

一、例证法

例证法即事例论证,就是列出观点后举出具体事例证明观点的论证方法,是同学们在写作过程中最常用的。事例论证所选的例子,一定要真实而有典型性,做到以一当十,否则就无法说明问题。此外,还要做到新颖而与众不同。吕叔湘的《错字小议》就恰当使用了举例论证的方法。作者分析错字来源,列举各种类型的错字并加以分析,以翔实的材料证明了"错字"给读者带来的阅读困难。全文结合事例,条分缕析,切中要害,要言不烦,为我们在论证中使用例证法提供了范例。

二、喻证法

喻证法即比喻论证,就是运用打比方的方法来论证比较抽象、深奥或人们比较生疏、难以理解的道理的论证方法。这种论证方法可以更生动形象地阐述道理,使抽象、枯燥的道理变得深入浅出,通俗易懂,便于接受,使文章耐读有味。荀子的《劝学》一文,就使用了大量的比喻论证来阐述道理。如以"木受绳则直,金就砺则利"比喻人经过学习可以变得聪明,行为合乎规范;用"登高而招,顺风而呼"比喻办事要凭借有利条件等。

三、引证法

引证法即引用论证,是通过引用名人名言、古诗文名句,以及反映科学规律的俗语、谚语、警句等来证明自己观点正确可信的一种论证方法。被引用的言论、事理,必须经得起考验;被引用的数据,必须确切可靠。它的好处是丰富论证的内容,增强论证的权威性,对论点起到画龙点睛的作用。文中恰到好处地引用名言警句,一方面能加强论证的力量,另一方面还可以丰富文章的内容,增强议论的形象性。

四、对比法

对比法即对比论证，就是把两种对立的事物或道理都举出来，进行比较、对照，以此来证明论点的方法。这种方法可以增强论证的鲜明性，使观点更加鲜明突出，使读者清楚作者赞成什么、反对什么，给人以更加鲜明深刻的印象。

五、归纳法

归纳法就是根据对一些个别事物的分析与研究，推导出一般结论的论证方法，是论证的基本方法。例如，司马迁在《报任安书》中有一段极为著名的话："盖文王拘而演《周易》；仲尼厄而作《春秋》；屈原放逐，乃赋《离骚》；左丘失明，厥有《国语》；孙子膑脚，兵书修列；不违迁蜀，世传《吕览》；韩非囚秦，《说难》《孤愤》；《诗》三百篇，大抵圣贤发愤之所为作也。此人皆意有所郁结，不得通其道，故述往事，思来者。"这段话一连举了八个事例，从而得出普遍性结论：凡垂名后世之人，多是身处逆境、情意郁结的，其情怀发而为言，则成为不朽之作。

六、演绎法

就是从普遍性结论或一般性事理推导出个别性结论的论证方法，是演绎推理在议论文中的运用。运用演绎推理，作者依据的一般原理必须正确，而且要和结论有必然的联系，不能有丝毫的牵强或脱节，否则就会使人对结论的正确性产生怀疑。比如，"中国人是伟大的"是一个前提，"阿Q是中国人"也是一个前提，但不能推出"阿Q是伟大的"这一结论。

七、类比法

就是通过讲故事、打比方的办法将相类似的两件事进行比较，从而由此及彼，自然地得出新结论的论证方法，是类比推理在议论文中的运用。

八、分析法

就是通过对事理原因或结果的周密分析，从而证明论点正确性、合理性的论证方法，也称为因果分析或因果论证。

九、反证法

顾名思义，反证法不是从正面直接来证明论点，而是从反面假设入手，论证假设的荒谬无理，从而间接证明假设的对立面，即正面所立的论点的正确性。这是论证方法的"奇兵"。从手法上说，反证法有两种：直接指出反面假设的错误和间接归纳出反面假设的荒谬性。

（1）直接反证：如论证"时间的重要性"，就先从不重视时间入手：论证它的危害和错误，由此间接证明时间的重要性。又如论"摸着石头过河"的必要性，先从反面论证不遵循科学规律、不调查研究、盲目乱闯的弊端，再来论述"摸着石头过河"的必要性，使正面立论的基础更加坚实。

（2）间接反证，是一种归谬法，"归谬"就是导致谬误。这种方法是先假定对方的论点是对的，然后用它作为前提，导出一个显然是荒谬的结论，从而证明对方的论点是错误的。这种方法仅用于反驳错误观点。

论证方法有许多种，同学们应尽可能熟悉多种论证方法并综合运用，这样才能使议论说理灵活生动、摇曳多姿。

常见失误

议论文写作一直备受青睐，但在写作过程中，许多同学往往容易陷入一些"误区"，从而影响了最终的得分。

误区一：一味叙述事实，喧宾夺主

议论文的基本要求是摆事实，讲道理。然而很多同学在写作中是只摆事实，不讲道理，陷入了喧宾夺主、"蛮不讲理"的误区。

误区二：就事论事，缺少引申深化

在论证中，选用了许多事实作为论据，也加入了必要的议论，但议论只停留在事实本身或事件表面，就事论事，无法触及议论的主旨，难以提升深化主旨。

误区三：辩证分析，观点含糊

辩证分析，为辩证而辩证，陷入贴标签式的辩证分析泥坑，致使文章观点暧昧，态度含糊。比如"读书破万卷，下笔如有神"这个话题，有的同学在论证了"读书破万卷，下笔如有神"后仍心有不甘，接着又写"读书破万卷，下笔未必如有神"。这样的论述，观点暧昧，是非不分，精力分散，"各打五十大板"，把"己方"和"另一方"的看法等量齐观，因而走进了"骑墙式辩证"的误区。

误区四：以"供料"为"论据"，陷入套作的泥淖

有的同学在写作议论文时直接从所供材料跳到自己已有的思路上去，以"供料"作为"论据"，陷入套作的泥淖。这是危险的。供料议论文最大的特点是"由此及彼"。而"由此及彼"，则要求文章的开头先引述所供材料，并由此生发观点，展开论证，不能"以此证彼"，而应"由此及彼"。

名作赏析

吕叔湘的《错字小议》是一篇典型的议论文。全文结合现实，提出论点，立论明确；恰当使用论证方法，材料翔实，例证丰富；语言亲切自然，幽默风趣。

解题：
"错字"这里专指书籍报刊中印错了的字，不是写字中出现的错别字。"小议"表示简短的议论，"小"既有自谦之意，又有随便的意思。但本文很严肃认真。

第一部分（第1段）：提出问题：错字的来源和严重程度。

（1）作者在提出问题时有什么特点？

第二部分（第2段）：分析问题。分析错字来源。

（2）第2段中作者列举了错字来源的哪几种情况？

（3）解释画线词语。
利害：
厉害：

第三部分（从第3段到倒数第5段）：分析问题。对各种类型的错字列举和分析。

错字小议

吕叔湘

天天看书看报，天天看见错字。

错字的来源是多方面的。主要是由于作者的笔误，或者由于原稿字迹潦草，排字同志误认；但是也有原稿清楚而排校失误的。还有原稿不误而被编辑同志或校对同志改错了的，例如我的稿子里的"<u>利害</u>"常常印出来是"<u>厉害</u>"。

错字造成阅读上的困难，程度不同。有一种错字，一望而知，例如：

它反映了一个王朝行将末落的情景。（《读书》一九八一年十月号65页）

阿波特被保释出狱后，现在避免惹人注意，隐姓埋居。（同上，112页）

新版鲁迅全集闻世了。（《人民日报》一九八一年九月二十二日第八版）

〔他〕……的花腔哨子拉得婉啭清越（《人民文学》一九八一年十月号18页）

这些都可以叫做透明的错字，对于绝大多数读者不会造成什么困难。

这些例子之所以不造成困难，是因为汉语词汇里没有"末落""隐姓埋居""闻世""婉啭"等等词语。下面的例子就多少有点不同了：

四十八岁的妥木斯同志1963年毕业于中央美术学院油画研究班，以后在内蒙古师范学院就教。（《人民日报》一九八一年十月二十一日第四版）

"常"是"变"的基础，"变"是"常"的发现。（《写作》一九八一年二期20页）

"就教"和"发现"这两个词是有的，并且在这里似乎也可以讲，这就引起了读者的疑惑。然而再想一想就会感觉讲不通。一个中央美术学院研究班毕业的同志怎么会到一个师范学院去"就"教呢？该是"执"教吧。（形近？）"发现"也不能用来跟"基础"相对呀，大概是"发展"之误。（音近？）

再看底下的例子：

他〔刘知几〕说："叙事之工者，以简要为主。简文时义大矣哉！"（《写作》一九八一年二期17页）

"为人性僻耽佳句，语不惊人死不休"的杜甫……（同上，35页）

所以他……强调传神（《画马赞》："韩千画马，毫端有神。……"）。（同上，36页）

这在熟悉古书的人，这三个错字也是一望而知的。如果古书不熟，那就有问题了。头两句还可能怀疑有错字，就去查书，但是要在《史通》和杜甫集这样的大部头的书里查一句两句，虽然不比大海捞针，也够得一查的。而况还不一定怀疑有错字呢？第三句里遇到的是一个人的名字，凭什么怀疑这个人不是姓"韩"名"千"呢？（这三个字分别是"之""僻""干（幹）"。）

（4）第3段"错字造成阅读上的困难"这句话，概括力极强，一直管到下文哪一段？作者列举了哪些类型的错字？（填到括号里）

第一类：（　　　　　　）的错字。

第二类：（　　　　　　）造成的错误。

第三类：（　　　　　　）造成的错误。

039

底下举两个叫读者为难的例子。

考核合格，给予一年左右时间自行复习，补考不及格，取消顶替资格。(《光明日报》一九八一年十月六日第一版"职工子女顶替要认真进行考核"条)

怎么考核合格了还要补考呢？是不是这里的"补考"是"复试"的意思？那也未免认真过了头了。再把这一条新闻从头看一遍，十之八九是在"考核"和"合格"的中间漏排了一个"不"字。这个"不"字可是少不得啊！

第四类：(　　　　　)的错字。

"揆之于理而不谬"，"征之于事而不悖"，"挈之于情而不通"，这是权衡文章总的"平准"，是文章的根本大法。(《写作》一九八一年二期20页)

引号里的三句话，形式上是平行的，意义上也应该是互相补充的，可是第三句显然跟头两句合不拢，并且本身说不过去——怎么能说是一个作家只有不通人情才能把文章写好呢？这里显然有错字，又得查书。这三句是从叶燮的《原诗》中引来的。《原诗》这部书篇幅不大，但是不像《史通》和杜诗那样容易找。不查书而就原句琢磨错在哪里是困难的。我曾经试猜"不通"为"不违"之误，查对的结果却是"可通"之误！

第五类：(　　　　　)的错误。

最难发现的错字是不出名的人的姓名。假如你把"张大"写成"李大"，谁敢说他不是"李"大而是"张"大呢？当然也有暴露的时候，例如一九八一年八月号的《小说选刊》里有一篇的标题是《张师傅外传》，目录里也是一样的，可是本文里这位师傅却姓赵名德祥。这可叫人纳闷儿，这位德祥师傅究竟姓张还是姓赵呢？过了两个月，在九月号的76页上，更正出来了："赵师傅"系"张师傅"之误。

跟姓名同样的难于辨别正误的是数目字，因此报刊上对于一般的错字可以不去更正，对于错误的数字却常常要更正，例如《人民日报》一九八一年十一月十五日第四版上就有一则更正："11月12日第一版刊载的'关于国家经委国家计委召开座谈会研究小商品中小农具生产供应工作'的新闻稿末段中'10月'应为'11月'。"

但是有些数字只要跟有关的别的数字一"轧"，就能断定是错字。例如有一本书叫做《康熙皇帝》（黑龙江人民出版社一九八一年），里边附作者白晋的传略，说他"一九三〇年六月二十八日于北京逝世，享年七十四岁"（71页），这是明显的错误，翻到前面67页，"他一六五六年生于法国曼城"，一推算就知道一九三〇是一七三〇之误。

还有一个非常奇怪的例子。一九八一年十一月号的《人民文学》28页上有这么一句："柳叶桃一看，一共十六个字：《开展文艺批评，繁荣文艺创作》，不免将信将疑。"一个这么刺眼的错字怎么会从校对的眼皮底下溜过去的，实在令人诧异。

上面提到更正，连带想起一个不大容易遇到的正和误和平共处的例子，出在一九八一年十一月十八日的《人民日报》第八版上：

"启示"的变化

有机会回到大学母校，发现了一个喜人的变化：过去学生宿舍楼门口屡屡露脸的"遗失启示"被"招领启事"代替了。大学生们学习紧张，经常发生丢东拉西的现象，这当然不是什么好事情。然而过去遗失了难找着，以至于要贴"遗失启事"，现在则不等"遗失启事"贴出来就有人贴出"招领启事"了。

第六类：（　　　　　　　）的错误。

连标题带正文，两个"启示"，四个"启事"，这是怎么回事呢？是不是表示作者（编者？校者？）还拿不定主意呢？

由错字联想到校勘。一般人有那么一种错觉，好像一定要是正经八百的经、史、子、集，才有校勘问题，近代作品，尤其是现代作品，似乎用不着校勘。这当然是不符合实际的。《中国语文》一九八〇年第六期有刘坚同志的一篇《校勘在俗语词研究中的运用》，就是谈的这个问题。我想从我自己的经验中也引几个例子来说明。

（1）我在一九四〇年写《释您俺咱喒附论们字》的时候，引用《默记》里的一条材料，用的是《知不足斋丛书》本：

孙儿懑切记之，是年且莫教我吃冷汤水。

这里边的"孙"字是可疑的。后来在一九四九年把这篇文章的一部分内容改写成《说们》的时候，参考了几种别的版本：《说海》本作"孩儿辈"，涵芬楼校印宋人笔记本作"孙儿辈"，涵芬楼印明抄本《说郛》本作"孩儿懑"。比较起来，《说郛》本最可取，我在论文里就引作"孩儿懑"。

（2）苏联龙果夫所著《现代汉语语法研究》207节引《子夜》里的一个句子作为人称代词受修饰的例子：

她是常到交易所的她，叫做刘玉英。

这里显然是所根据的本子有排印上的错误。我校订汉译本的时候，查了开明书店一九三三年版的《子夜》，果然逗号是在第二个"她"字之前而不是在它之后。我们并且找到一种救国出版社的本子，那里边这一句的逗号是在"她"字之后的，龙果夫看到的大概就是这个本子。

（3）最近看《中国文法要略》的校样（这

部书的纸型在十年动乱中损失了，正在重排），遇到一个例句：

　　慢讲模样儿，就这说话儿，气度儿，偺们儿里头大家子的孩子只怕也少少儿的。（《儿女英雄传》二十二回）

　　北京话里没有"偺们儿"的说法，这个问题在写稿子的时候就已经发现，可是我当时除所用的亚东图书馆排印本外，没有别的本子可以核对。这次特地找了另外一个本子，申报馆活字排印本，查对出来"儿"是"城"之误。

　　（4）还是看《中国文法要略》校样时遇到的问题。我在例句里引用了李格非《书洛阳名园记后》中的一句：

　　天下当无事则已，有事则洛阳必先受兵。

　　这里的"当"字似乎可以讲得通，可是总觉得有几分可疑。我已经忘了当初是从什么书上引来的，很可能是《古文观止》。查了查文学古籍刊行社一九五六年印的《古文观止》，清清楚楚是个"当"字。手头没有《洛阳名园记》，怎么办？终于在《宋文鉴》一三一卷找到了这篇文章，果然不是"当"字而是"常"字。

　　让所有写稿子的、编稿子的、排字的、校对的，乃至于广大读者，联合起来，向错字宣战！并且把号召变成行动！试拟三条：

　　一、出版社、报社、杂志社建立严密的检查制度，发现错字，查明责任，但不对外宣布。

　　二、查出来的错字要更正，不要怕难看。要是怕难看，最好的办法是减少错字。

　　三、请求读者帮着检查。收到来信，要在更正时附带道谢。

　　报刊的广告里也会出现错字。最近出版的《文

第七类：（　　　　　　）的错误。

这七类错字都是从给阅读造成困难上来谈的。这是由写作对象确定的,主要面向"写稿子的、编稿子的、排字的、校对的"。这一部分是"议"的核心，列举大量的例子。

第四部分（倒数第 4 段到文末）：解决问题。号召大家向错字宣战，提出三条具体措施。

第五部分（正文后的补记）：补记指文章发表后，往集子里收时补写的。
补充了一个错字的例子：
广告将书名《李秀成自述原稿》印成《李自成自述原稿注》。

(5) 作者为什么要补记这一例？

史知识》封底的新书广告里有一本书叫做《李自成自述原稿注》（罗尔纲著）。这个字错得真够意思的。

名作赏析

本文是一篇典型的议论文。可学之处很多。我们可以从以下几方面学习本文：

一、结构严谨，条理清晰

全文论证结构严密。文章立论明确，论证层层推进。

第一部分（第1段），提出问题，指出错字的来源和严重程度："天天看见错字"，开门见山，直截了当，清楚明确。

第二部分（第2段），分析错字来源的几个方面：（1）作者笔误；（2）排字误认；（3）排校错误；（4）编辑改错。

第三部分（第3段到倒数第5段），继续分析问题，对各种类型的错字列举和分析。（1）一望而知的"透明的错字"。（2）形近、音近造成的错误。（3）引用古籍疏忽造成的错误。（4）造成与原意不符的错字。（5）令人难以发现和辨别的错误。（6）正误共处令人诧异的错误。（7）校勘中发现的错误。这七类错字都是从给阅读造成困难上来谈的。这是由写作对象确定的，主要面向"写稿子的、编稿子的、排字的、校对的"。这一部分是"议"的核心，列举大量的例子。

第四部分（倒数第4段到文末），解决问题，号召大家向错别字宣战，提出3条具体措施。这部分所提3条措施是对前面意见的补充。作者把解决问题的办法不完全集中到最后，而是能分散的便分散到对问题的分析中去，边分析边解决，既便于读者接受，也节省了许多文字。

第五部分（正文后的补记），补充了一个错字的例子。之所以要补记，一是因为错得"够意思"（严重）；二是这些问题未引起有关人员重视，错误正在继续，更加严重。

二、语言亲切而幽默

文章虽然对诸多错别字提出批评，但语言亲切自然，多使用商讨语气，让人容易接受。如"一个中央美术学院研究班毕业的同志怎么会到一个师范学院去'就'教呢？该是'执'教吧。（形近？）'发现'也不能用来跟'基础'相对呀，大概是'发展'之误。（音近？）"如话家常，如商讨问题，虽是批评，却使人感到亲切自然，易于接受。

另外，文章的语言幽默含蓄，带有一定的启发性。"这个'不'字可是少不得啊！""这可叫人纳闷儿，这位德祥师傅究竟姓张还是姓赵呢？""连标题带正文，两个'启示'，四个'启事'，这是怎么回事呢？是不是表示作者（编者？校者？）还拿不定主意呢？"这些话都说得很风趣，容易使人受到感染和教育。

三、恰当使用论证方法，例证丰富，分析中肯

全文恰当使用举例论证的方法，以翔实的材料说明错字给读者带来的困难，告诫编校工作者切不可等闲视之。全文采用事实说话的方法，举例繁多又条分缕析，分类阐述，逐一加以论述和剖析。分析时抓住关键，要言不烦。如对"叫读者为难"一例的分析，抓住"考核合格了还要补考"这一有悖常情的特点，分析简明扼要，剖析亲切自然，似促膝谈心娓娓动听，又如春风拂面暖人心扉。文章分析中肯，结论自然，令人信服，对于写作议论文在引例后如何组织语言进行分析很有借鉴意义。

巧设凤头亮登场,来如雷霆震人心
——跟刘心武学写开头精彩引人的议论文

导师简介

刘心武(1942—),中国当代著名作家、红学研究家。笔名刘浏、赵壮汉等。曾任中学教师、出版社编辑、《人民文学》主编、中国作协理事、全国青联委员等。其作品以关注现实为特征,以《班主任》而闻名文坛,其长篇小说《钟鼓楼》曾获茅盾文学奖。20世纪90年代后,成为《红楼梦》的积极研究者,曾在中央电视台《百家讲坛》栏目进行系列讲座,对"红学"在民间的普及与发展起到促进作用。1992年后发表大量随笔,结为多本集子。2014年推出长篇小说《飘窗》。

刘心武对生活感受敏锐,善于作理性的宏观把握,写出了不少具有社会思考特点的小说,作风严谨,意蕴深厚。

写作指导

文章首先要有好的开头。在考场作文中,议论文的开头如果写得好,那么这篇文章就成功了一半。为此,在作文之前,要花大气力,把开头写好。

好的开头,要明、要美、要简。一般有以下几种形式:

一、开门见山

就是开宗明义,直接点题。白居易说"首句标其目"(《新乐府序》),这个"目"

就是文章的中心意旨，运用这种方法开头，就为全文指明了"航标"。如2002年高考优秀作文《心在刃上选择》的开头："历来最为矛盾的便是文人，他们似乎生来就进行着心灵上的选择，在进与退之间，在生与死之间。"作者出色地运用了文首标目法，直截了当，干脆利落，仅用40来字就将文章之中心鲜明突出地提了出来。

考场作文大多数同学写议论文时，"开门见山"直接切入话题，亮明观点，让急于知道你的文章是否符合题意的阅卷教师吃一颗"定心丸"。观点表达得简洁明了，不失为一个精致闪亮的"凤头"。

二、由反入正

就是"反其意而说之"，先从事理的反面说起。如2001年高考优秀作文《把"诚信"留在心底》的开头："健康与美貌可以写在脸上，诚信却是万万不能写个招牌挂出来的。那个长途跋涉的年轻人这样抛弃'诚信'，可真称得上是明智之举，反正是垫箱底不见天日的，扔了又何足惜？"这样开头，造成悬念，以惊人之论吸引读者，使读者产生一种穷根究底的欲望，颇具感染力。

三、比喻开头

"巧喻而理至""巧喻而象成"。开头采用生动形象的比喻，可使文章仪态万千，具有一种动人心魄的力量。如1994年高考作文《尝试》，一位同学这样开头："尝试是什么？尝试是乌云蔽日时能直上云霄的那种最勇敢的鸟，尝试是大浪迭起时海面上勇往直前的一叶扁舟。对于勇敢者，尝试是一条崭新的生活之路；对于弱者，那迫不得已的尝试是一座高筑的墙。"作者巧妙设喻，理趣盎然，内涵深刻，同时文采华美，令人回味无穷。

四、设疑开头

用疑问、设问、反问等问句形式开头，预作铺垫，借以蓄势，引出后文，这样能引起阅读者的注意，激发阅读的兴趣。在文章开头设置疑问，让文章在开篇就紧紧抓住阅读者的眼球，留下悬念，引人遐想，启人深思。如2003年高考优秀作文《一蓑烟雨任平生》的开头："独自踯躅在冰冷的寒夜，你是否在因为遭遇挫折而困苦不堪？徘徊于夜色依旧的街头，你是否在因为生活的不顺而将痛苦放大……"如此步步设疑，层层追问，既使文章富于文采，又有助于全文的展开，可谓一箭双雕。

五、叙事开头

就是从一件或几件事情（故事）的叙述中引出开头，借题发挥，阐释出更的境界。刘心武《起点之美》的开头，先叙述事件："到现场观看赛跑，多数人总愿选择离终点最近的位置，我却偏爱在起跑线附近观看。运动员在起点上的美往往被人忽略。"接着具体叙写运动员在起点的神情、体态、力量，突出他们的美。然后借题发挥，自然引到"生活中的起点"，并列举种种现象，阐述在人生这广阔舞台上起点所具有的特殊意义，由浅入深、以小见大地揭示深刻道理，有利于调动读者的具体感受，使读者乐于接受。

六、引用开头

就是用名言警句、诗词对联或是谚语俗语引出开头。这种开头，含蓄蕴藉，雄奇有力，富有哲理，能吸引读者，增强说服力。如2001年全国高考满分作文《诚信归去来》的开头："古语云：索物于暗室者，莫良于火；索道于当世者，莫良于诚。"既领起下文，又突出"诚信"之重要，契合题旨。

七、排比开头

排比，能增加文章气势，使文章朗朗上口，富有节奏感和音韵美。用来状物，能景象纷呈；用来叙事，能酣畅淋漓；用来说理，能气势磅礴；用来辩论，能排山倒海；用来抒情，能汪洋恣肆。如以"论信任"为题写一篇文章，开头可以这样写："信任是一股撞开冰闸的春水，使铁石心肠受到震撼；信任是一座亮在黑夜的灯塔，使迷途航船找到港湾；信任是一柄撑在雨夜的小伞，使漂泊的人得到荫庇；信任是一抹飞架在天边的彩虹，使满目阴霾的人看到世界的美丽。"

用排比句，把作者的观点表达得极其鲜明而有力，起到了先声夺人的功效。

好的开头的重要性可见一斑，所以我们应该为自己的文章设计一个好的开头。

常见失误

万事开头难，作文亦如此。很多同学的作文就是因为没有好的开头而被判卷老师给了低分。

误区一：老生常谈，故弄玄虚

议论文的开头要真实而切合题旨，还要"弃旧图新"，避免"老生常谈"。然而有的同学常常死记硬背，套用开头。如写战胜挫折，开篇便是贝多芬、爱迪生、诺贝尔。还有的同学习惯在开头故弄玄虚，有意写些让人琢磨不透的东西，不愿将意思直截了当地写出来，或缺乏应有的交代，给人突如其来、没头没脑、不知所云的感觉。如开头总是从形势写起，言必称"在××的领导下，在××的支持和关怀下，在××的帮助下"。有的文章开头总是"光阴似箭，日月如梭"这些老调子，使人感觉文章陈词滥调缺少新颖巧妙，不见功底。

误区二：只见论题，不见论点

论点是议论文的灵魂，议论文要有明确的论点。但不少同学的作文通篇找不出一句能代表其观点的句子作论点，只是就某个问题泛泛地谈看法。如关于"商家促销广告"的作文，考生通篇列举商家促销只为赢利不从实际出发的现象，也指出商家这样做是不对的，但全篇始终不见一句表明自己观点的句子。这就需要考生在写作时强迫自己做到在议论文的开头就提出自己的观点。

误区三：不着边际，空发议论

议论文的开头一定要紧扣题目引入话题或论点。有的同学在写作时却喜欢兜圈子，或在文章开头先作不必要的解释；或不管与中心、主题有无关系，议论有没有展开，问题有没有说清，就抒发感慨万端；或不管中心需不需要，与主题有关无关，就列举事例……下笔千言，离题万里，绕了好大个圈子，才说到正题上来。

误区四：堆砌词句，盲目应付

有的同学习惯在文章的开头堆砌名言警句，或通过描写景物、叙述事例吸引读者，结果却弄巧成拙，适得其反。明朝皇帝朱元璋也曾因为大臣奏章开头不好而大为光火。还有那个大家耳熟能详的故事：一位私塾老师用杜甫的两句诗"两个黄鹂鸣翠柳，一行白鹭上青天"评价他的一位弟子作文"不知所云""离题万里"。这些都足以说明开头的重要。

好的开头是成功的一半，做事如此，作文亦如此。文章的开头当如"凤头"，这样才会吸引判卷老师的眼球，使你的作文在第一时间给其留下一个好印象，从而得到老师的肯定。

导师名作

刘心武的《起点之美》是一篇优秀的议论散文。全文视觉独特，立意新颖。作者写作角度特殊，在"多数人总愿选择离终点最近的位置"看"优胜者的微笑"时，作者却"偏爱在起跑线附近观看"运动员在起跑前或起跑时的身姿。从作文的起点之笔来说，作者这样用笔是匠心独具的。

起点之美

刘心武

第1段：写运动员在起点上的美往往被人忽略，"我却偏爱在起跑线附近观看"。
（1）作者这样开头有什么妙处？

第2段：由运动员起跑的场景引出中心论点——品味起点之美，点明"起点上的表情便是人类进取突破的希望"。
（2）作者由现实生活中运动员起跑的场景引出中心论点。这样写有什么好处？

到现场观看赛跑，多数人总愿选择离终点最近的位置，我却偏爱在起跑线附近观看。运动员在起点上的美往往被人忽略。

其实，当运动员们在起点脱下外面的罩衣，露出紧凑而富有弹性的筋肉，先略事活动臂膊腿脚腰肢，再渐渐弹跳着、抖擞着，准备进入比赛，那神情，那体态，那气氛，就已非常之优雅；等到运动员们在起跑线上找准自己的道位，在裁判员一声威严而悠长的"预备——"声中，各自凝聚起他们灵魂的注意力拼搏进取，并透过他们的每一块肌肉每一根筋腱显现出他们肉体所蕴藏的爆发力弹射力承受力，那他们简直就是一列力与美的活雕像。家里有了录像机后，我常把这样的场面录下来，并用慢放、定格的方法细细品味起点之美。我看清了在比赛现场往往看不清楚的运动员们的面部表情。那起点上的表情实在是人类最美好的表情之一。倘若说恋人的表情是人类延续不灭的象征，那么，起点上的表情便是人类进取突破的希望。

<u>人生的终极点只有一个，然而起点却有许多</u>。运动场上的起点是明显的，生活中的起点往往较为隐蔽。一个想向文坛进军的青年在深夜灯下铺开了稿纸，用手中笔郑重地写下了第一行字；一个刚到单位报到的大学毕业生，头一回走进办公室，他尽量大大方方地望着大家，大家都好奇而友善地望着他；一个才把定来的川橘铺排在货位上的个体户，用戴着厚厚的棉手套的双手捂捂冻得发红的耳朵，嗡声嗡气地发出他的头一声吆喝："大橘子保甜咧——"；一位才任命的局长，不大习惯地坐在来接他开会的轿车里，想同司机说句亲热的话却不知该拣哪一句说；一个非常走红的大明星，倚在沙发上读别人新送来的剧本，刚刚开始觉得里头的那个女主角有点嚼头；一个明天要应考的中学生，把捧着的课本贴在胸前，在忍痛关闭了的电视机前点着下巴背诵单词……

　　"预备——"生命之神在行使裁判员的职责，向人们发出悠长的指令。

　　凡凝神谛听他的指令并尽全力准备投入的人，都是美的。

　　尽管在终点处会出现绝不平衡的场面，文学青年的稿子也许会被退回；走向生活的大学生也许会碰到许多的钉子；卖橘子的个体户这一回也许不能大赚；新上任的局长也许不久便调离；大明星的下一部戏也许会<u>砸锅</u>；中学生第二天应考时也许会失常；谁也保不齐在那等待着我们的终点上不会落伍、失败甚至被淘汰掉。

　　然而，<u>对于人生来说，终点固然诱人，起点更弥足珍贵</u>。一时的终点上的失美，并不是什么不得了的事。可怕的是寻找不到新的起跑线，失去了在"预备"声中大大振作起来的力与美。

第3段由"运动场上的起点"过渡到"生活中的起点"，逐层推进，纵深引入。列举生活中的种种起点，充分铺排，为下文展开论证张本。
（3）请赏析"人生的终极点只有一个，然而起点却有许多"这句话。

第4、5段：强调起点在生活中的意义，表明在起点尽全力准备投入的人，都是美的。

第6段：照应第3段列举的种种现象，再作引申。说明终点处可能出现不平衡，但起点更加珍贵。
（4）解释画线词语。
砸锅：

第7段：强调"起点"的重要性。
（5）请赏析"对于人生来说，终点固然诱人，起点更弥足珍贵"这句话。

第8段：重申观点，收束全文，强调起点之美属于每一个人，需要人们自觉进入起点并调动起自己的美来。

终点之美，属于优胜者。起点之美，属于每一个人。而自觉地进入起点并调动起自己的美来，也便是人生中的一种优胜。

名作赏析

本文作为议论名篇，可学之处很多。我们可以从以下几方面进行学习：

一、标题新颖，简明凝练

本文拟题为"起点之美"，既亮明观点，又彰显主旨，简明凝练，新颖生动，让读者一下子就抓住了"总纲"。

标题是文章的眼睛。俗话说，"题好一半文"，就是这个道理。议论文的标题，常见的有"论点型"和"论题型"两种。"论题型"只点明论述的话题范围，需要通读全文，才能通晓文章的中心。相比之下，"论点型"直接揭示观点，一目了然，标题就是解读文章的"眼睛"和"窗口"，看了标题，一下就抓住了全文的要害。

就考场作文来讲，我们在写作议论文时，比较倾向于拟"论点型"标题，这样的标题简洁明快，便于阅卷老师快速考量同学的审题立意的准确度，便于把握文章中心。如2014年高考江苏卷满分作文《书中自有颜如玉》《青春永不褪色》，湖北卷满分作文《过程更美丽》，安徽卷满分作文《若想精彩，则需变通》等，都是一语破的，直奔主题。

二、开头独特引人，选材贴近生活

作者由现实生活中运动员起跑的场景引出中心论点，紧扣生活，娓娓道来，自然贴切，极富亲切感，易于被读者接受。

在写作中列举生活中的新鲜事例，如文学青年、大学生、卖橘子的个体户、新上任的局长……令人耳目一新。不少同学写作时喜欢到故人堆里寻救兵，屈原、陶渊明、苏轼等历史名人成了"大众情人"，造成素材陈旧乏味，文章难以出新。好的议论文首先取决于选用好的素材。这个"好"主要是指贴近生活，新颖鲜活。文中无论是运动场起点的素材，还是列举生活中的种种现象，都让人感到亲近、接地气，表现出浓郁的生活气息和时代特色，很有现实意义，这样的文章自然就"活"了起来。选用素材时要青睐"新人""新闻"，做到人无我有，人有我新。对那些老气横秋的"万能素材"务必"痛下杀手"，绝不留情。

三、辩证剖析，论述严密

本文围绕"起点之美"展开论述，开篇先写运动场上的起点之美，转而自然过渡到"生活中的起点"，列举种种现象，纵深分析在人生这个大舞台上，"起点"具有不容忽视的特殊意义，与"终点"同样美。

在上文论述的基础上，作者再作二次引申——具有美好的起点不一定就有满意的终点，但没有美好的起点就绝不可能有美好的终点。文末作者作出辩证的分析总结："对于人生来说，终点固然诱人，起点更弥足珍贵。"作者用"固然""更"等分寸感极强的词语，非常精准地对"起点"与"终点"的关系作了辩证分析，既凸显了自己的观点，又不失公允，显得无懈可击。文章就这样层层推进，环环相扣，表现出滴水不漏的说理技巧和无懈可击的思辨色彩。最后，文章前面有现象列举，后面有回环照应，结构完整，思维缜密，论述逐层深入，辩证剖析，显示出严密的逻辑性。

四、前后照应，不留"悬念"

议论文要提出问题，进而分析论证，但最终是要解决问题——这才是为文之本。所以，对前文列举的问题，后文必须有相应的解决办法，不能留下"悬而未决"的后遗症。否则，不仅使人感到结构不完整，而且使文章失去了写作的意义。

本文中第3段与第6段"遥相呼应"，第3段写"一个想向文坛进军的青年在深夜灯下铺开了稿纸，用手中笔郑重地写下了第一行字；一个刚到单位报到的大学毕业生，头一回走进办公室，他尽量大大方方地望着大家，大家都好奇而友善地望着他；一个才把荸荠来的川橘铺排在货位上的个体户，用戴着厚厚的棉手套的双手捂捂冻得发红的耳朵，嗡声嗡气地发出他的头一声吆喝：'大橘子保甜咧——'；一位才任命的局长，不大习惯地坐在来接他开会的轿车里，想同司机说句亲热的话却不知该拣哪一句说；一个非常走红的大明星，倚在沙发上读别人新送来的剧本，刚刚开始觉得里头的那个女主角有点嚼头；一个明天要应考的中学生，把捧着的课本贴在胸前，在忍痛关闭了的电视机前点着下巴背诵单词"，第6段予以回应"文学青年的稿子也许会被退回;走向生活的大学生也许会碰到许多的钉子;卖橘子的个体户这一回也许不能大赚;新上任的局长也许不久便调离;大明星的下一部戏也许会砸锅;中学生第二天应考时也许会失常",前后照应,不留"悬念",从另一个角度显示了论证的严密。

罢如江海凝清光,回眸一笑百媚生
——跟孙犁学写结尾精练响亮的议论文

导师简介

孙犁(1913—2002),原名孙树勋,曾用笔名芸夫,河北省安平县孙遥城村人。当代著名文学家,被誉为"荷花淀派"创始人。中共党员,抗日老战士。1927年开始文学创作。中华人民共和国成立后,历任中国作家协会天津分会主席、天津文联名誉主席、作协顾问等职。

孙犁的作品以小说、散文为主。《白洋淀纪事》为其秀雅、隽永的创作风格的代表作,其中《荷花淀》《芦花荡》《嘱咐》等短篇是现代文学史上负有盛名的篇章,被文艺界视之为"荷花淀派"的代表作。

孙犁的小说以抗日战争时期直至中华人民共和国成立初期冀中平原和冀西山区农村为背景,生动地再现了当地人民群众的生活和战斗情景。茅盾说过:"孙犁的创作有一贯的风格,他的散文富于抒情味,他的小说好像不讲究篇章结构,然而决不枝蔓;他是用谈笑从容的态度来描摹风云变幻的,好处在于虽多风趣而不落轻佻。"

写作指导

现代著名作家师陀曾说:"写文章不管长短,首先要考虑好结尾。有了结尾,如何开头,中间如何安排,便迎刃而解了。"正如优美的乐章要有好的尾声,或余音袅袅,或震人心魄一样,文章也要有好的结尾才会收到言有尽而意无穷的效果。

好的结尾如同豹尾，是对文意的充分显示和升华，响亮有力，令人警醒，催人奋进。在考场上，议论文的结尾也是衡量同学们写作水平的标尺，在考场作文中起着至关重要的作用。好的结尾必然使文章整体结构更加严谨自然、完整统一，必然使文章的内容和主旨更加深刻、鲜明。可见，精心设计结尾十分重要，切不可掉以轻心。

初学写作议论文的人，一般只重视本论部分，不重视开头和结尾的写作，其实议论文的开头和结尾也是十分重要的。结尾是文章内容发展的必然结果，是文章结构的基本环节之一。结尾的形式也是多种多样的，文章内容不同，结尾也应该是多种多样的，不能公式化，"老套套"。下面介绍几种常用的议论文结尾的方法：

一、点明论题，暗示主旨

有些议论文，是用归纳推理的方法来论证问题的。这类议论文的结尾部分往往就是文章的中心论点所在。如秦牧的《青年人应该怎样选择生活道路》一文就是在结尾时点明中心论题的："青年人应树立共产主义理想，选择正确生活道路。"又如《民族的科学的大众的文化》一文，结论和论点也是统一的，故在结尾时这样写道："民族的科学的大众的文化，就是人民大众反帝反封建的文化，就是新民主主义的文化，就是中华民族的新文化。"

二、呼应开头，总结全文

《理想的阶梯》一文，结尾用两个比喻归结上文，深化"奋斗"的中心论点，激励青年为实现光辉灿烂的理想而奋斗。再如鲁迅的《拿来主义》一文，在结束时，既概括全文内容，又同开头部分提出的论点相照应，从而突出了文章的论述中心："总之，我们要拿来。没有拿来的，人不能成为新人，没有拿来的，文艺不能成为新文艺。"

这样的结尾，不仅突出了中心，还增强了议论的说服力。

三、引用名言，深化中心

引用警句、名言、诗句、经典著作、俗语、谚语等作为文章的结尾，达到"立片言而居要"的效果，结构上照应题目，内容上深化主题。《畏惧错误就是毁灭进步》一文结尾的"畏惧错误就是毁灭改革"一句，是仿照怀特黑德的名言自拟而成的，语言精辟，深化了中心思想。运用该法应注意，所引用的材料必须与主题相关，为主题服务。

四、鼓舞号召，提出希望

"感人心者，莫先乎情。"很多好的文章，都是以情取胜的。此法是在前文感情的基础上，发出号召或呼唤，引起人们的关注和思索。但使用此法，忌空喊口号、空洞无物，要做到情有所系。如马南邨的《从三到万》结尾提出诚恳的希望，引导读者联系自身作深远的思考。

也有些文章常在结尾时提出希望，预示未来。如陶铸的《崇高的理想》就是如此："同学们！从开始有人类社会以来，没有哪一个社会能与共产主义社会相比。什么理想也不能同共产主义这一更崇高更伟大的理想相比。我希望每一个同学都要有这个崇高的理想，把自己最好的年华贡献给这个崇高的共产主义事业。"

五、画龙点睛，篇末完题

有人认为只有狭义的散文常用"画龙点睛"之笔，其实议论文也有在篇末"点睛"借以完题的（完题，指完成论述过程，完整而有相当的深度）。如鲁迅《"丧家的""资本家的乏走狗"》的结尾：从"文艺批评"方面看来，就还得在"走狗"之上，加上一个形容字："乏"。

六、抒情描摹，情理相生。

用抒情描摹的方式收束文章，通过细腻的描摹和抒情，能够自然地表达作者心中的情感，激起读者的情感波澜，引起读者的共鸣，产生强烈的艺术感染力。如《美，无处不在》的作文结尾："每一滴水都折射出一个多彩的世界，每一双眼睛都嵌进一幅斑斓的图画，每一条小溪都倒映着一串迷人的风景。不要空叹人世的无奈，且用美丽的心情来看待人世的繁华多彩,细细品味那无处不在的美吧！"这个结尾极易感染读者，使读者自然感知作者的愿望和期许。

又如学生作文《友分两种》的结尾："友分两种，点头之交，莫逆之交。朋友在精不在多，最了解你的人，不是懂你的言外之意，而是懂你的欲言又止。愿得一知己，有默契，无距离。"这个结尾以简洁的语言抒发自己的深沉感慨，自然可以引发读者的共鸣。

七、文意已尽，自然收尾

大多数的议论文，都是"问题解决"了，文章也就结束、收尾了。如《改造我们的学习》一文，在分析、阐明了为什么要"改造"和怎样"改造"我们的学习之后，用三句话自然地结束了全文："我们走过了许多弯路。但是错误常常是正确的先导。在如此生动丰富的中国革命环境和世界革命环境中，我们在学习问题上的这一改造，我相信一定会有好的结果。"三句话，水到渠成，进一步肯定了"改造"，很自然地收束全文。

八、指出教训，强调深意

如郭沫若的《甲申三百年祭》在结尾时说："就这样，个人（指李自成）的悲剧扩大而成为民族的悲剧，这意义不能说是不深刻的。"

这个结尾，即在正告人们在革命胜利时，必须保持清醒的头脑，不可忘乎所以，意义极为深刻。

总之，"文无定法"，写文章如行云流水，行所当行，止所当止，是不拘法的。但对作为整个构思中有机组成部分的结尾来说，切忌临时拼凑、重复累赘、装腔作势、首尾脱节等毛病。这里所谈及的，不过是议论文写作常用的几种结尾方法。不论何种结尾方法都应该服从论述问题的需要，决不能使之成为外加的游离的部分。

常见失误

人们称文章好的结尾为"豹尾"，从考场作文来看，虽然不一定要求篇篇文章的结尾都是"豹尾"，但也要求结尾简练、生动、恰到好处。古人说过："好的结尾，有如咀嚼干果，品尝香茗，令人回味再三。"与开头一样，结尾也很重要。如果一篇主题鲜明、角度新颖的文章，读到最后，却被一个索然无味的结尾扫了兴，岂不可惜！结尾除了要服务于文章的内容和中心外，还得受"开头"的制约，这样说来，结尾就更难写了。

写好开头难，写好结尾也不容易。很多同学的作文因为没有好的结尾而被判卷老师给了低分。一般说来，同学们作文结尾易犯的毛病有以下几方面：

误区一：虎头蛇尾

由于缺乏整体构思，结尾如同一个"半拉子"工程，议而不足，可谓虎头蛇尾。有的同学在完成主体部分后，常常有一种大功告成的心理，于是草草收场，以致结尾平淡无奇、千篇一律，毫无出彩之处。有的学生由于没有分配好答题时间，以致在写作文时所剩时间不够了，来不及结尾，结果或用一句话硬断，或点上一串省略号，或干脆空在那儿，无论哪一种情况，都会被视为未完篇处理。因为阅卷老师衡量一篇文章的好坏，首先是看文章的整体，虎头蛇尾的文章是要被扣分的。

所以一定要在平时训练自己在40—50分钟内能够写出一篇完整作文的能力，

最后交上的作文无论如何都应该是一篇结构完整的作文。

误区二：拖泥带水

结尾意思已经明了，却迟迟不肯收尾，拖沓冗长，冲淡了文章的主题。

误区三：狗尾续貂

全文已结束，本可耐人寻味，但作者仍不放心，偏要狗尾续貂，或无病呻吟，或人为拔高，硬要给文章加上一个自认为到位的尾巴，把无须交代的人物下落一一交代，把本可悟出的含义一语捅破，使得本该是亮点的结尾成了文章的累赘。

误区四：空喊口号

很多同学的文章是开头穿靴戴帽，中间抄书抄报，结尾高呼口号。在结尾处为表明自己的立场、态度，大喊着与文章内容无关的口号，这种结尾同样大煞风景。

好的结尾应该言有尽而意无穷，引人入胜，启人深思。

导师名作

孙犁的《好的语言和坏的语言》是一篇典型的议论文。这篇谈语言的文章，娓娓道来，很自然地体现了一位好的作家对于语言使用的切身体会和独特认识。

好的语言和坏的语言

孙 犁

作家想在作品里，表现一个思想，创造一个人的形象，他的最基本的工具，便是语言（文字）。

有人把文学家的语言和画家的颜色相比，画家把一个颜色盆放在面前，红的、黄的、蓝的，画家又调配着这些颜色，画出五光十色的画。鲜艳夺目的，阴沉浓重的，愉快的人，或是悲愁的景物。但不会画的人，不会调配颜色的人，便连

解题：
文章题目醒目，限定了本文议论的范围，并且从两个方面，一正一反论证，构成鲜明对比。

第一部分为第1至6自然段，论述语言在文学作品中的地位与作用。

（1）第1自然段是说明语言在文学作品中的地位的，请用一句话加以概括。（不超过20个字）

（2）阅读第2段，思考：作者把文学家的语言与画家的颜色相比，有什么作用？两者有什么相似之处？

（3）第2、3段运用了什么论证方法？

（4）第4、5段举了哪些例子论证好的语言能引人入胜？这些例子有什么特点？

第二部分为第7至10段，论述初学写作者应该怎样练习语言。作者娓娓而谈、深入浅出，对读者有很强的指导性与实用性。

一个常见的萝卜也画不成功。

　　文学上的语言工作也是这样。生活里有无数的语言，各种名词、动词、形容词等等。有人把这些语言放在自己的心里，把它们巧妙地真实地连结起来，便能表现人性、时代。也有人组织不好，语言贫乏，便连眼前一只猫捕住了老鼠的事，也说不清楚。

　　好书使人手不释卷，是因为里面的思想好，人物使人喜爱。但如果不是那语言把这些东西写出来，形容出来，读者也就不会为它废寝忘食了。古书上记载佛教里的和尚在禅房里讲经，讲得天花乱坠，百鸟全飞来了，猛兽也驯顺了，路上的小贩们也都放下担子来听。这不见得是佛法无边，我想还是那个和尚在言语上有功夫，才能如此引人入胜。

　　小时喜欢看《西游记》，今天过一个山，明天过一个洞，全凭猴哥神通广大，变化无穷，战胜妖魔，得到西天。看这个故事的时候，我们比唐僧还着急，一个山没过去，便想着下回书那个洞了，也是《西游记》的语言功夫好，能引人入胜。

　　也有那些书，不管里面说着一件什么稀奇古怪的事，因为作者没有语言上的功夫，弄得语言生硬起来，丑起来，使读者像夜间下着大雨走山道，绊绊磕磕，疲乏不堪，终于把书一丢，去寻好梦了。读这样的书，人们比作"嚼蜡"，是很形象的。

　　初学写作的同志们，练习语言，应该像缝工初学用针，木匠初学运斧，要慎重也要勇敢。

　　有人对初学写作的人，强调文法，结果使人捉摸不定，不敢下笔，将写作视为畏途。我们应该尊重中国的语法、语言的构造，但是不能把文法等等，离开活的语言和写作的实践，当作抽象的法则来谈论。小孩初生，只要叫他接近活人，假若不是低能，几年的工夫，普通的话也就会说了。写作也是一样，假如初学写作的人，经历了一段生活，又有他对这段生活的意见和情感，他就可以在详细观察思考以后，按照他的意见和情感写出来。这当然是对他的语言功夫的一次试练，他可能写得好，也可能写得坏。但这好这坏，是要在他写成文字之后，才有了批评的根据。一个人刚学会千把字，便对他大谈文法，有害无益。语言的功夫，从写作的实践上修养。语言从写作实践上丰富起来。

从事写作的人，应当像追求真理一样去追求语言，应当把语言大量贮积起来。应当经常把你的语言放在纸上，放在你的心里，用纸的砧、心的锤来锤炼它们。要熟悉你的语言，像熟悉你的军队，一旦用兵，你就知道谁可以担任什么角色，连战连捷。写作，实际就是检阅你的军队，把那些无用的、在战场上不活跃的分子，当场抹去他的名字，叫能行的来代替吧。所谓要慎重，就是指的这个。

你心里有了许多话。你要描写一件事，这件事老在你的心里打转，它一切都准备好了，单等你拿语言把它送出来。那你就把它送出来吧，不要怕你的文字不"美"，言语不文。用花轿送出姑娘固然好看，初学写作好比穷人，把你的姑娘用牛车拉出去吧。只要文章的内容好，语言笨一些没关系——但记住这是说初写，你千万不要认为这就好了：我可以永远用牛车往外送姑娘了，这样下去，会弄成车上已经不是姑娘而是粪草了。因为你对语言的工作不严肃，在文学事业上你也一定失败无疑。所谓勇敢，是指用心考虑以后的勇敢。不过，有很多初学写作的人，扭扭捏捏，实在没有我们常说的"丑媳妇不怕见婆婆"那种

（5）第7自然段说"初学写作的同志们，练习语言，应该像缝工初学用针，木匠初学运斧"，练习语言与"用针""运斧"有何相同之处？

勇敢精神了。

中国的文字装进"字典",也是很丰富的。如果一个作家把这些字,和生活结合起来,用思想连串起来,他就会翻江倒海,写下无尽休的作品,无数可歌可泣的故事。我们日常生活里的语言,是很丰富的,是写作时取之不尽的源泉。如果一个作家真正认识了这些语言,充分掌握了它们,再注意那不断产生的新的词句、语法,他就会有了写作的神通,像我们的猴哥一样,能度过写作的种种困难关口了。

根据我们的最有功绩的文学老师的说法,有如下性质的语言是文学上的好的语言:(一)明确。(二)朴素。(三)简洁。(四)浮雕。(五)音乐性。(六)和现实生活有紧密联系。

相反的,这些语言是坏的语言:(一)干燥无味。(二)没有个性。(三)不正确的方言。(四)胡乱的表现。(五)似是而非的"丰富"。(六)不和现实生活呼应。

总起来的分别是:一种是真正丰富的纯粹的语言——好的语言;一种是贫弱芜杂的语言——坏的语言。

这便是文学工作者一生的语言工作内容,这工作是持续不断的,如同一个忠实勤朴的农夫对土地的加工,种植对于人生有益的禾苗,锄刈那妨碍禾苗的生长的莠草。那个农夫细心到这个地步:他经常在他的田里视察,拔去苗陇里的每一棵莠草,把禾苗扶植得整齐茂密起来。

选择语言,选择那些明确朴素的、简洁浮雕的,也如同农民选择好的种子,那样他才有希望使禾苗丰收。

拿起笔来,就是这套工作。

第三部分为11—14段,论述什么是好的语言与坏的语言。

第四部分为第15至17段,文章的结论,论述文学工作者语言工作的重要性。
(6)第四部分,作者在论及初学写作者应该怎样练习语言时,用了哪些贴切的比喻?
(7)结合全文,用自己的话总结什么是好的语言,什么是坏的语言。

名作赏析

本文是一篇典型的议论文,在很多方面值得我们学习:

一、中心突出

文章立意明确,中心突出。全文通过对语言在文学作品中的地位与作用的论述阐明什么是好的语言和坏的语言,说明一个文字工作者积累、锤炼以及精心选择语言的重要性,指出初学写作者练习语言要"从写作实践上丰富起来""要慎重也要勇敢"。

孙犁从阐述语言在文学作品中的地位和作用入手,以自身的阅读经验和创作经验为根据,阐明了锤炼语言的重要性和初学写作者对待语言应有的正确态度,进而提出好的语言和坏的语言之区分以及人们该如何追求好的语言这些重要的命题。孙犁认为,好的语言应该是一种真正丰富的、纯粹的、和现实生活密切相关的语言,而寻找这样的语言则是文学工作者持续一生的工作内容。

文章的字里行间透露出一位文学创作者对语言工作的耐心、诚意和敬重,读来又如叙家常、举重若轻,充分体现了作家深厚的语言功力,令人服膺。

二、由表及里,逐层深入

文章四个部分是逐层深入地进行论证的。第一部分论述语言的地位和作用,使人有了清楚、深入的认识后,自然要问:语言这样重要,怎样练习呢?因此第二部分从三个方面去练习语言。但是练习语言要有正确的目标,要能够知道什么是好的语言、什么是坏的语言,于是在第三部分对比作了明确的回答。第四部分升华论述文学工作者所从事的于人民有益的工作,从根本上阐明了认真练习语言的重要性与意义。

三、语言深入浅出,形象生动,亲切自然,通俗易懂

全文语言形象生动,亲切自然、通俗易懂,使得说理深入浅出。作者用了大量的典型事例,作了许多恰当的比喻,使道理寓于其中,因此表面看来似乎没有讲什么道理,却使读者很容易接受文中的观点;许多地方运用了比喻的修辞方法,而且运用生活中经常见的、大家熟知的、恰当准确的比喻,给读者以亲切感;全文没有一点晦涩难懂的语句,读来极其流畅。

四、结尾富于特色，比喻说理，简洁有力，引人深思

文章结尾，作者论述文学工作者语言工作的重要性。首先运用了一系列贴切的比喻，当作者论及语言工作对文学工作的重要性时，用了"如同一个忠实勤朴的农夫对土地的加工，种植对于人生有益的禾苗，锄刈那妨碍禾苗的生长的莠草"这个比喻。当作者论及写作者应选择明确朴素的、简洁浮雕的语言时，用了"也如同农民选择好的种子，那样他才有希望使禾苗丰收"这个比喻。这些比喻典型、贴切，不但能恰切地论证作者的论点，还具有形象美和意境美，让读者在品味好的语言的同时受到感化，引起警觉。

如团云岫出深山，万里云罗一雁飞

——跟朱自清学写中心突出的议论文

导师简介

朱自清（1898—1948），原名自华，号秋实；后改名自清，字佩弦。笔名余捷、知白等。中国现代著名的散文家、诗人、学者、民主战士。朱自清一生勤奋，共有诗歌、散文、评论、学术研究著作26种，200多万言。

1916年，中学毕业考入北京大学预科。1919年，他加入《新潮》诗社，开始创作新诗。他积极参加五四爱国运动和新文化运动，并就此走上文学道路。

1925年夏，朱自清赴北京任清华大学教授。1928年8月，出版散文集《背影》，在文坛引起强烈反响，并以平淡朴素而又清新秀丽的优美文笔独树一帜。

1931年，朱自清赴欧洲进修和游历。1932年7月回国后写成《欧游杂记》，任清华大学中国文学系主任。1934年后参与《文学季刊》杂志编辑工作。1935年，出版散文集《你我》。

1937年，抗日战争爆发，他随校南迁。这一时期曾写过散文《语文影》，与叶圣陶合著《国文教学》等书。

1946年，由昆明返回北京，任清华大学中文系主任。

1948年8月12日，病逝于北平。

写作指导

议论文要有中心，而且中心要突出。中心是一篇文章的灵魂，要想打动读者，就要中心突出。要突出中心，常用的手法就是"大题小做"，就是把内容宽泛的话题具体化为自己要写的小事件、小文章，为大题目找一个小巧的突破口，从小处着手，以小题材反映大主题，从小题材中挖掘出深刻的、闪光的思想；而且要选用适合自己中心的材料，同时要学会运用辩证的眼光看待问题，做到线索明白、思路清晰。

具体来说，可从以下几方面着手：

一、明确要求，学会限制

话题的限制越少，留给我们思维的空间就越大；话题的限制越多，外延也就越小。写作时，必须明确限制，切口过大，中心就不好集中，一般可以大题小做，宽题窄做。朱自清的《论诚意》一开始就提出"诚伪是品性，却又是态度"，将话题确定在"诚"与"伪"，即"诚实"与"不诚实"的对比中，并限制在"谈品性"与"谈态度"两方面。这样加以限制，话题的范围就缩小了，文章内容也基本确定了，立意就不会有偏离主题的危险。

二、大中取小，分解切割

写作时将"大话题"进行切割，使之变成若干"小话题"，然后从中进行筛选，选取自己最熟悉的、最得心应手的一个去写。比如"尊重"，可以切割为以下小话题：尊重自己，尊重他人，才会有尊严；神圣的尊严在捍卫正义的斗争中得到升华；科学的尊严不容侵犯；尊严不仅是个人价值的象征，更是民族、国家的立身之本；产生尊严的是理性——对正义的执着，而不是冲动——对虚荣的追求；等等。这样，就使缩小后的题目更贴近生活、更贴近同学们的认知，从而使话题作文的内容既不显得空泛又不失之单薄。

三、因题而作，小中求大

前面我们谈到"大题小做"，有时候，我们也不妨"小事大写"。可以在日常的凡人小事、常见情景中，切入重大的主题，把题材放入广阔的社会背景和时代高度，使文章跃动时代脉搏，传递时代信息，表现时代精神；把具体事物的某些特征同某种哲理、精神品质联系起来，进行由此及彼的联想，借文题中具体的人、事、景、物来表达人类普遍的感情和抽象的道理。

四、层层追问，打开思路

面对宽泛的话题，可以以问领写，多问几个为什么，以此打开思路，缩小写作范围。如以"压力"为话题写作时，就可以进行如下思考：什么可以构成压力？

有没有压力？压力来自何方？压力带来什么？怎样对待压力？然后自己回答这些问题，再从这些回答中选择一两个方面来写。

常见失误

中心是文章的灵魂，是文章的纲，犹如一根红线，贯穿全篇。文章的选材、结构、语言等，都要以中心为依据。这个中心要贯穿始终，更要鲜明、集中、突出。中心的表述不能模棱两可，不能含糊其词，应尽可能做到言简意赅；中心所在的位置要尽可能显著，最好让阅卷老师一目了然。在这个问题上，常见的误区如下：

误区一：行文松散，中心空泛

同学们在写作文时，如果没有形成明确的写作意识，动笔的时候没有清晰的写作对象和写作目的，只有一些内心感受的自我表现，那么所形成的文章中心就是空泛的、不突出的，就会东拉西扯，使人不得要领，不知所云。这样的结果，就是文章中的每一句话、每一个段落，不受中心的管束和统帅，不能为表现和深化中心服务。

误区二：缺少点明中心的语句

既不能用准确的语言清晰地表达出自己的思想观点，又不能把表达中心的语句放在突出、显豁的位置。既没有开门见山、揭示题旨，也没有卒章显志、画龙点睛，更不会段首显示，反复强调。行文偏离中心，另起炉灶，始终不见体现中心的语句。

误区三：文体意识淡薄，表现形式欠妥

在议论文中，中心一般表现为某种思想认识，具有明显的逻辑成分，中心论点可以用判断的形式概括；在记叙性的文字中表现为某种感受或表象，明确的逻辑概括很少或比较含蓄，有时也可以通过抒情议论的方式，揭示或点化写人记事的意义或自己的感悟等。但很多同学在作文中并不是这样，文体淡化甚至模糊，不像议论文，也不像记叙文，没有明确的表现中心的句段，让人感到很费解。

导师名作

朱自清的《论诚意》是一篇优秀的议论文。全文中心突出，观点鲜明；辩证说理，思路严密；语言朴实，通俗易懂。

论诚意

朱自清

第1段：点明观点：诚伪是品性，却又是态度。

第2段：承接第1段，论述诚伪与品性、态度的关系。说明从前论人的诚伪，是就品性而言。我们嘴里常说的、笔下常写的"诚恳""诚意"和"虚伪"等词，大概都是就态度说的。

（1）将"盖了棺才能论定人"写成四字成语，并解释其意思。

第一部分（第1、2段）：提出问题"诚伪是品性，却又是态度"，并略加阐释。

<u>诚伪是品性，却又是态度。</u>

从前论人的诚伪，大概就品性而言。诚实，诚笃，至诚，都是君子之德；不诚便是诈伪的小人。品性一半是生成，一半是教养；品性的表现出于自然，是整个儿的为人。说一个人是诚实的君子或诈伪的小人，是就他的行迹总算帐。君子大概总是君子，小人大概总是小人。虽然说气质可以变化，<u>盖了棺才能论定人</u>，那只是些特例。不过一个社会里，这种定型的君子小人并不太多，一般常人都浮沉在这两界之间。所谓浮沉，是说这些人自己不能把握住自己，不免有诈伪的时候。这也是出于自然。还有一层，这些人对人对事有时候自觉的加减他们的诚意，去适应那局势。这就是态度。<u>态度不一定反映出品性来；一个诚实的朋友到了不得已的时候，也会撒个谎什么的。</u>态度出于必要，出于处世的或社交的必要，常人是免不了这种必要的。这是"世故人情"的一个项目。有时可以原谅，有时甚至可以容许。态度的变化多，在现代多变的社会里也许更会使人感兴趣些。我们嘴里常说的，笔下常写的"诚恳""诚意"和"虚伪"等词，大概都是就态度说的。

但是一般人用这几个词似乎太严格了一些。

照他们的看法，不诚恳无诚意的人就未免太多。而年轻人看社会上的人和事，除了他们自己以外差不多尽是虚伪的。这样用"虚伪"那个词，又似乎太宽泛了一些。这些跟老先生们开口闭口说"人心不古，世风日下"同样犯了笼统的毛病。一般人似乎将品性和态度混为一谈，年轻人也如此，却又加上了"天真""纯洁"种种幻想。诚实的品性确是不可多得，但人孰无过，不论哪方面，完人或圣贤总是很少的。我们恐怕只能宽大些，卑之无甚高论，从态度上着眼。不然无谓的烦恼和纠纷就太多了。至于天真纯洁，似乎只是儿童的本分——老气横秋的儿童实在不顺眼。可是一个人若总是那么天真纯洁下去，他自己也许还没有什么，给别人的麻烦却太多。有人赞美"童心""孩子气"，那也只限于无关大体的小节目，取其可以调剂调剂平板的氛围。若是重要关头也如此，那时天真恐怕只是任性，纯洁恐怕只是无知罢了。幸而不诚恳，无诚意，虚伪等等已经成了口头禅，一般人只是跟着大家信口说着，至多皱皱眉，冷笑笑，表示无可奈何的样子就过去了。自然也短不了认真的，那却苦了自己，甚至于苦了别人。年轻人容易认真，容易不满意，他们的不满意往往是社会改革的动力。可是他们也得留心，若是在诚伪的分别上认真得过了分，也许会成为虚无主义者。

　　人与人、事与事之间各有分际，言行最难得恰如其分。诚意是少不得的，但是分际不同，无妨斟酌加减点儿。种种礼数或过场就是从这里来的。有人说礼是生活的艺术，礼的本意应该如此。日常生活里所谓客气，也是一种礼数或过场。有些人觉得客气太拘形迹，不见真心，不是诚恳的态度。这些人主张率性自然。率性自然未尝不可，

第3段：承接第2段，说一般人用这几个词似乎太严格了一些，似乎将品性和态度混为一谈。
（2）文章说"一般人似乎将品性和态度混为一谈"，请找出这样说的例证。

（3）解释下列词语。
人心不古：
世风日下：
卑之无甚高论：
老气横秋：

第4段论述诚意与率性、客气的关系。
（4）如何理解"客气要大方，合身份，不然就是诚意太多；诚意太多，诚意就太贱了"在文中的含义？

069

第二部分（第3、4段）：分析问题。从一般人用这几个词似乎将品性和态度混为一谈，说到诚意与率性、客气的关系。说明诚意是品性，也是态度。	但是得看人去。若是一见生人就如此这般，就有点野了。即使熟人，毫无节制的率性自然也不成。夫妇算是熟透了的，有时还得"相敬如宾"，别人可想而知。总之，在不同的局势下，率性自然可以表示诚意，客气也可以表示诚意，不过诚意的程度不一样罢了。<u>客气要大方，合身份，不然就是诚意太多；诚意太多，诚意就太贱了。</u>
第5段：说明看人、请客、送礼，这些看起来"虚伪的俗套，无聊的玩意儿"其实也是表示诚意的。由此说明诚意作为态度是有价值的。	看人，请客，送礼，也都是些过场。有人说这些只是虚伪的俗套，无聊的玩意儿。但是这些其实也是表示诚意的。总得心里有这个人，才会去看他，请他，送他礼，这就有诚意了。至于看望的次数，时间的长短，请作主客或陪客，送礼的情形，只是诚意多少的分别，不是有无的分别。看人又有回看，请客有回请，送礼有回礼，也只是回答诚意。古语说得好，"来而不往非礼也"，无论古今，人情总是一样的。有一个人送年礼，转来转去，自己送出去的礼物，有一件竟又回到自己手里。他觉得虚伪无聊，当作笑谈。笑谈确乎是的，但是诚意还是有的。又一个人路上遇见一个本不大熟的朋友向他说："我要来看你。"这个人告诉别人说："他用不着来看我，我也知道他不会来看我，你瞧这句话才没意思哪！"那个朋友的诚意似乎是太多了。凌叔华女士写过一个短篇小说，叫做《外国规矩》，说一位青年留学生陪着一位旧家小姐上公园，尽招呼她这样那样的。她以为让他爱上了，哪里知道他行的只是"外国规矩"！这喜剧由于那位旧家小姐不明白新礼数，新过场，多估量了那位留学生的诚意。可见诚意确是有分量的。
第6段：说明人为自己活着，也为别人活着。在不伤害自己身份的条件下顾全别人的情感，都得算是诚恳，有诚意。进而引用西方的话论述诚意与做戏的关系，从而得出结论：为了别人的好，做戏也有诚意，说明"诚实"也是态度。	人为自己活着，也为别人活着。在不伤害自己身份的条件下顾全别人的情感，都得算是诚恳，有诚意。这样宽大的看法也许可以使一些人活得

更有兴趣些。西方有句话，"人生是做戏"。做戏也无妨，只要有心往好里做就成。客气等等一定有人觉得是做戏，可只要为了大家好，这种戏也值得做的。另一方面，诚恳、诚意也未必不是戏。现在人常说，"我很诚恳地告诉你"，"我是很有诚意的"，自己标榜自己的诚恳，诚意，大有卖瓜的说瓜甜的神气，诚实地君子大概不会如此。不过一般人也已习惯自然，知道这只是为了增加诚意的分量，强调自己的态度，跟买卖人的吆喝到底不是一回事儿。常人到底是常人，得跟着局势斟酌加减他们的诚意，变化他们的态度；这就不免沾上了些戏味。西方还有句话，"诚实是最好的政策"，"诚实"也只是态度；这似乎也是一句戏词儿。

第三部分（5、6段）：解决问题。引用西方的话，论述做戏也有诚意，说明"诚实"也是态度。

（5）作者认为"诚伪是品性，却又是态度"，"态度不一定反映出品性来；一个诚实的朋友到了不得已的时候，也会撒个谎什么的"，请结合全文，分析作者持论的思维方式和态度。

名作赏析

本文是一篇典型的议论文，我们着重从以下几方面学习：

一、中心突出，见解独到

作者谈论"诚意"，字里行间处处显示着自己的真知灼见，中心突出，充分证明"诚伪是品性，却又是态度"。"品性一半是生成，一半是教养""言行最难得恰如其分""做戏也无妨，只要有心往好里做就成"，这些简朴的话里蕴含着经验和智慧，足以为千百万读者解惑洗心。

本文见解富于创意，令人耳目一新。如作者认为有些人对诚意的加减只是一种态度，而"态度不一定反映出品性""率性自然未尝不可……若是一见生人就如此这般，就有点野了"等，既有深意，更有新意。

二、辩证说理，思路严密

作者首先正面提出诚意是品质，也是态度的观点，然后指出有诚意品性的人不得已也会撒谎，进而批驳有人将品性和态度混为一谈的认识误区，进而指出诚意与诈伪都是人的品性，但出于处世或社交的需要，人们往往加减自己的诚意，这便是态度，品性与态度被辩证统一在诚伪之中。作者将正误观点对比分析，思维严谨，说服力强。

文章的第一句就指出诚意是品性，也是态度。这里要注意的是原文的用词是"诚伪"，但这里的"诚伪"指的是"诚意"和"虚伪"两个方面，包括"诚意"。接下来作者指出只把诚意当做品性是片面的，率性是诚意，客气也有诚意，由此说明诚意作为态度是有价值的。最后两段得出结论：为了别人的好，做戏也有诚意。

三、语言简朴生动，风格平淡精辟

语言朴实，通俗易懂，但俗中有大雅存焉，显示出作者独特的风格。"说一个人是诚实的君子或诈伪的小人，是就他的行迹总算帐"，语浅而意深；"诚意太多，诚意就太贱了"，语俗而意雅。在遣词造句和传情说理两方面都已达到返璞归真之境。

桃花潭水深千尺，饮如长鲸吸百川
——跟杨绛学写内容充实的议论文

导师简介

杨绛（1911—2016），女，本名杨季康，江苏无锡人，中国著名作家、文学翻译家和外国文学研究家。杨绛通晓英语、法语、西班牙语，由她翻译的《堂吉诃德》被公认为是最优秀的翻译作品。她早年创作的剧本《称心如意》，被搬上舞台长达60多年。杨绛93岁出版散文随笔《我们仨》，风靡海内外；96岁出版哲理散文集《走到人生边上》；102岁出版250万字的《杨绛文集》八卷。杨绛的文字韵致淡雅、沉淀简洁、干净明晰，独具一格。更难得的是，她的散文集《干校六记》中，当她用这润泽之笔描写那些不堪回首的往事时，拥有不枝不蔓的冷静，比那些声泪俱下的控诉更具张力，发人深省。

写作指导

内容，即写进文章里的思想感情、人物事物和数据资料等。内容充实是指写进文章里的材料有较高的质量，对表现中心来说是必要的、足够的，而不是单薄的。对议论文而言，就是要做到要素明晰，论据充足。要做到内容充实，有意蕴，就离不开一定的材料做支撑。

很多同学感叹，巧妇难为无米之炊！同学们在写作时常常是苦思冥想而无从下笔。有时绞尽脑汁写出来了，内容也是东拼西凑，凌乱不堪。只有注意平时积累，才能在需要时信手拈来。如果平时不注重材料的收集、积累，或手中的材料陈旧贫乏，考场作文就不能给人以新颖而有现实意义的印象，结果可想而知。人们评说文章时有所谓"凤头、猪肚、豹尾"之说，内容充实就是充实这个"猪肚"，同学们可试着从以下几方面努力：

一、认真观察，积累材料

1. 观察生活，对身边的人和事仔细观察，用心体味。做生活的有心人，关注国际风云、社会生活、身边琐事，留意山川河流、花草树木、虫鱼鸟兽，从中积累写作材料。深入生活，在生活中观察、积累、思索是有话可说的关键。所以，在日常生活中，必须用心去观察以构建属于自己的材料库。对议论文写作而言，材料主要包括事例和名言。同时，还要广泛关注热点、时政。

2. 广泛地积累事例和名言，是写作议论文最基础的工作，厚积才能薄发。名言与事例可以分开积累。事例的积累对议论文写作具有决定性意义，因为在实际写作中，事例比名言用得要多得多。它可以是一个事件、一个故事，也可以是一个现象、一组数据。事例的积累，应当从名人事例、历史掌故、社会生活、自然现象、个人经历五方面进行。

3. 广泛阅读，从书本中积累素材。在平日的阅读中，养成"不动笔墨不读书"，从书本中获得材料的良好习惯。但限于同学们的实际情况，做不到"读万卷书，行万里路"。这时，我们不妨思维灵活一点，巧借一下教材，也能够成就一篇考场佳作。我们的语文教材历来以精选名家名篇、优秀时文为主体，它给我们提供了大量的写作材料，我们完全可以学以致用。只有尽可能多地占有材料，下笔时才能挥洒自如。我们提倡写自己所历、所见、所闻、所感的材料，发现生活的丰富内涵，感受平凡生命的价值，把有意义的东西记下来，这些材料最易带有个性色彩，也最易触动情感。写作时根据中心思想的需要选择合适的素材，甚至可以对素材进行适当的拼接、剪裁、化用。

二、材料要具有新颖性与典型性

材料选取要新颖，尽量不要人云亦云。许多同学们在作文中，永远只是那几个嚼烂的例子，如爱迪生不怕多次失败终于找到了合用的灯丝，居里夫人在极困难的条件下提炼出了镭，李白从老婆婆那里懂得了"只要功夫深，铁杵磨成针"的道理等等。针对此问题，同学们应多关注现实，联系当下，从中提取更符合时代要求、体现时代精神的材料。

为使可用材料能更好地揭示事物的本质，更恰当地表达作者观点，可以对所知材料进行修改、变化。如只用语言技巧，以求事例的生动具体，或对材料进行翻新，从全新角度解读，也可以反其道而用之。总之，要善于用例，一个普普通通的事例，可以有多种用途，说明多种道理，只要用得好，同样能取得极佳的效果。另外，还可以对原有材料进行适当剪裁，这也是充实内容所必需的。内容充实不是材料的堆砌，准确地剪裁、使用材料才能达到这个目的。

三、充实材料"厚度"

1. 点式论证。就是在一个比较大的段落内，抓住某一个事例或某一句名言进行分析论证。好处是笔墨详尽，说理透彻。例如杨绛先生《走到人生边上》：

"我没有灵魂"云云，是站不住的。人死了，灵魂是否存在是一个问题。活人有没有灵魂，不是问题，只不过"灵魂"这个名称没有定规，可有不同的名称。活着的人总有生命——不是虫蚁的生命，不是禽兽的生命，而是人的生命，我们也称"一条人命"。自称没有灵魂的人，决不肯说自己只有一条狗命。常言道"人命大似天"或"人命关天"。人命至关重要，杀人一命，只能用自己的生命来抵偿。"一条人命"和"一个灵魂"实质上有什么区别呢？英美人称soul，古英文称ghost，法国人称ame，西班牙人称alma，辞典上都译作灵魂。灵魂不就是人的生命吗？谁能没有生命呢？

2. 面式论证。就是在一个比较小的段落内连续铺排三个或三个以上的事例或名言进行论证，一般以排比句的形式出现。它的好处是笔墨节俭而材料丰富。例如杨绛先生《读书苦乐》一文：

说什么"欲穷千里目，更上一层楼"！我们连脚底下地球的那一面都看得见，而且顷刻可到。尽管古人把书说成"浩如烟海"，书的世界却真正的"天涯若比邻"，这话绝不是唯心的比拟。世界再大也没有阻隔。佛说"三千大千世界"，可算大极了。书的境地呢？"现在界"还加上"过去界"，也带上"未来界"，实在是包罗万象，贯通三界。而我们却可以足不出户，在这里随意阅历，随时拜师求教。谁说读书人目光短浅，不通人情，不关心世事呢！这里可得到丰富的经历，可认识各时各地各种各样的人。经常在书里"串门儿"，至少也可以脱去几分愚昧，多长几个心眼儿吧？我们看到道貌岸然、满口豪言壮语的大人先生，不必气馁胆怯，因为他们本人家里尽管没开放门户，没让人闯入，他们的亲友家我们总到过，自会认识他们虚架子后面的真嘴脸。一次我乘汽车驰过巴黎塞纳河上宏伟的大桥，我看到了栖息在大桥底下那群捡垃圾为生、盖报纸取暖的穷苦人。不是我眼睛能拐弯儿，只因为我曾到那个地带去串过门儿啊。

3. 点式论证和面式论证相结合，可以使文章在材料上显得丰富多彩而又详略有致。

一般来说，对于自己比较熟悉、能够充分展开分析的材料，用点式较好，那样可以展示自己的论证实力和风采。而对于那些不够熟悉又不想舍弃的材料，用面式较好。另外，新颖新鲜的材料用点式，众所周知的材料用面式。

常见失误

内容充实是文章的起码要求。在这个问题上，常见以下误区：

误区一：堆砌材料，缺少论证

很多人认为多写几个事例内容就充实了。其实不然，真正的内容充实是使文章有血有肉。罗列多个材料，只是使文章看起来有了躯壳，只有通过分析说理论证，使一个个事例材料有机统一，共同服务于中心论点，文章才能血肉丰满，有灵魂可言。

误区二：论据不足，证明无力

议论文的立论是建立在大量论据基础上的。这些论据包括事实的和理论的，具体的和抽象的，正面的和反面的，历史的与现实的。有的同学一个例子叙述到底，只会摆事实，不会讲道理；只会写具体，不会写抽象；只注意历史的，不联系现实的，让读者去悟其中的道理，这样的文章是没有说服力的。

误区三：材料虚假，内容空洞

与内容充实相对的就是内容空洞、虚假。学校生活单调，平时积累匮乏，临场作文选材捉襟见肘，于是不约而同往一条路上挤，撞车现象时有发生。在学生笔下，几乎每个人走路都捡过钱包，几乎每个人上车都让过座，几乎每个孩子都做过错事而且在大人面前撒过谎……从面孔到语言和行动都似曾相识——假！假事往往伴以虚情。编得好的，犹如纸扎的花，徒有其色、形，而无香味；编得不好的，色、形、味俱无。

误区四：材料陈旧，缺乏新意

内容陈旧雷同，材料乏味，陈词滥调，缺少个性。高考阅卷时，有人戏谑说，古代文人每年一到6月7号就忙得不得了，屈原不停地在汨罗江跳水，项羽一次次地抹脖子，司马迁一而再再而三地遭受宫刑，韩信干脆赖在别人胯下不起来。意在警示同学们运用鲜活的素材。

误区五：落入窠臼，难免俗套

内容写作陷入程式化，缺少应有的表现力。如写教师，内容脱不了晚上备课、改作业；如写同学，内容脱不了给差生讲题；如写父母，内容脱不了督促子女学习……诸如此类，内容陈旧老套、苍白贫乏，往往落入窠臼，何谈内容充实，吸引读者注意力？

导师名作

杨绛的文字韵致淡雅，独具一格，发人深省。这篇文章探讨人生的价值，深入浅出，道出了人生价值在于将灵魂与自我安放一处。文章以"人生一世，为的是什么"为题，同时以这个问题为纲层层论述，文章论证充分、事例典型而丰富，作者丰厚的学养使读者折服。

人生一世，为的是什么？

杨绛

人生在世，遭遇不同，天赋不同。那么，我们在这个世界上，生活了一辈子，能有什么价值。

天地生人，人为万物之灵。神明的大自然，看重的该是人，不是物；不是人类创造的文明，而是创造人类文明的人。只有人类能懂得修炼自己，要求自身完善，这也该是人生的目的吧！

坚信"人死了，什么都没有了"的聪明朋友们，他们所谓"什么都没有了"，无非断言人死之后，灵魂也没有了。至于人生的价值，他们倒并未否定。不是说，"留下些声名"吗？这就是说，能留下的是身后之名。但名与实是不相符的。"一将功成万骨枯"，但战争中奉献生命的"无名英雄"更受世人的崇敬与爱戴，我国首都天安门广场上，正中不是有"人民英雄纪念碑"吗？欧洲许多国家，总把纪念"无名英雄"的永不熄灭的圣火，

第1、2段，文章提出"人生一世，到底为的是什么"的论题，并提出"要求自身完善，这也该是人生的目的"的观点。

第3段，以无名英雄受人敬仰的事例论述了个人的价值不仅仅在于"留下些声名"或自己的收获，更要着眼于对人类社会的贡献。

设在大教堂的大门正中,瞻仰者都深怀感念,驻足致敬。默默无闻的老百姓,他们活了一辈子,就毫无价值吗?从个人的角度看,他们自己没有任何收获,但是从人类社会集体的角度看,他们的功绩是历代累积的经验和智慧。

聪明的年轻朋友们,坚信人死了什么都没有了,至多只能留下些名气。那么,死后没有留下名气的人,活了一辈子,能有什么价值呢?一代又一代的人,从生到死,辛辛苦苦、忙忙碌碌,到头来只成了一批又一批的尸体,人生一世,还说得到什么价值呢?

匹夫匹妇,各有品德。为人一世,都有或多或少的修养。俗语:"公修公得,婆修婆得,不修不得。""得"就是得到的功德。有多少功德就有多少价值。而修来的功德不在肉体上而在灵魂上。所以,只有相信灵魂不灭,才能对人生有价值观,而相信灵魂不灭,得是有信仰的人。有了信仰,人生才有价值。

一个人有了信仰,对人生才能有正确的价值观。如果说,人死了什么都没有了,只能留下些名声,或留下一生的贡献,那就太不公平了。没有名气的人呢?欺世盗名的大师,声名倒大得很呢!假如是残疾人,或疾病缠身的人,能有什么贡献?他们都没价值了?

英国大诗人弥尔顿44岁双目失明,他为自己的失明写了一首十四行诗,这首诗适用于疾病缠身的人。如果他们顺从天意,承受病痛,同样是功德,因为同样是锻炼灵魂,在苦痛中完善自己。

基督教颂扬信、望、爱三德。有了信仰,相信灵魂不死,就有永生的希望。有了信仰,上帝在他心里,上帝是慈悲的,心上有上帝,就能博爱众庶。

第4段承上启下。用连续两个反问句,引出"有了信仰,人生才有价值"的论点。

第5、7、9段列举了俗语"公修公得,婆修婆得,不修不得";英国大诗人弥尔顿的成功;苏格拉底坚信灵魂不灭,坚信绝对的真、善、美、公正等道德概念。这3个事例,论述了"有了信仰,人生才有价值"。

(1)修德的普通人和有名气的人,他们在价值观的体现上有什么相同点?

(2)选文中所举的弥尔顿和苏格拉底的事例,分别是为了证明什么?

苏格拉底坚信灵魂不灭,坚信绝对的真、善、美、公正等道德概念。他坚持自己的信念,宁愿饮鸩就义,不肯苟且偷生。他证实了人是多么了不起,多么伟大,虽然是血肉之躯,能为了信仰而承受这么大的痛苦。他证实了人生是有意义的,有价值的。

我站在人生边上,向后看,是要探索人生的价值。人活一辈子,锻炼了一辈子,总会有或多或少的成绩。能有成绩,就不是虚生此世了。向前看呢,再往前去就离开人世了。灵魂既然不死,就和灵魂自称的"我",还在一处呢。

> 第10段,从"我"的视角收束全文,点出探索人生的价值在于灵魂和"我"的统一。

(有删改)

名作赏析

这篇文章虽然讨论的是人生价值的哲学问题,但是整篇文章读来并无生硬艰涩之感。这完全得益于杨绛先生平和淡雅、深入浅出的论述与贴近现实的生活感悟。因而,我们应该关心国内外大事,学会关注现实生活,从生活的点滴感悟中落笔。

文章以"聪明的年轻朋友们"的想法切入,继而运用了人们熟悉的"人民英雄纪念碑"与欧洲的"无名英雄"为例论述,贴近生活又发人深思,不可不说杨绛先生对生活材料运用之准确、典型。同时,在更深入地论述人生价值何在时,文中运用了英国诗人弥尔顿和古希腊先贤苏格拉底的事例,揭示人生价值的本质,笔墨详尽,说理透彻,最恰当地表达出作者"有了信仰,人生才有价值"的观点。

当然,材料有时需要将自己所历、所见、所闻的材料进行加工或者提炼使之更加典型。文中"聪明的年轻朋友们"之想恐怕就是现实生活中某一类人群的集合。通俗地来讲就是,选取的材料要源于生活而高于生活。如此,可以使论述深入浅出,充分论证。

嬉笑怒骂有真意，文章如泉吐真情

——跟龙应台学写感情真挚的议论文

导师简介

龙应台（1952— ），女，原名胡美丽，祖籍湖南衡阳，生于台湾高雄。1975年赴美国留学，获博士学位后，曾在纽约市立大学和梅西学院等地任教。1983年返回台湾，任淡江大学外国文学所研究员。1986年随德籍丈夫客居欧洲。著有《龙应台评小说》《野火集》《人在欧洲》《写给台湾的信》《看世纪末向你走来》等。

写作指导

"感人心者，莫先乎情。"没有感情的文章是难以打动读者的。刘勰《文心雕龙》中说："情者文之经。"只有用真实、饱满的情感直叩读者心扉，文章才具有内在的魅力、情感的张力。何谓"真情实感"？即在作文中自然地表达内心对社会、人生、生活的真实感受，使感情的流露给人以真实感。

作者正是通过字里行间所传达出来的思想感情来感染读者、影响读者，与读者进行交流，从而实现作品的审美功能和社会影响。议论文也是这样，在或直接或间接地表现出作者对社会人生的看法的同时，也要或多或少地流露出作者的思想感情。

写作要感情真挚，力求表达自己对自然、社会、人生的独特感受和真切体验。真实为文，倾情而作，读之如品佳酿，甘美醇厚，回味无穷。写文章必须有感而发，才能打动人；写自己的所见、所闻、所思、所感，才会有真挚感情。好的作品总是渗透着作者的感情的。那同学们写文章时，怎样做到感情真挚呢？

一、关注生活，积累感人材料

首先，我们要选取真实的材料。王国维在《人间词话》中说："能写真景物，真感情者，谓之有境界。"一篇文章，如果材料失真，只能给人一种矫揉造作的虚假的感觉，根本不可能使人感动。当然，那些老掉牙的材料虽然真实，也不宜入文。"喜新厌旧"，人之常情，单调熟悉的材料会降低读者体会文章感情的兴趣。

其次，我们在写作中，要善于从生活中找素材。真情缘于真人真事，要文章写得感情真挚，首先就要写真实的事，最好是亲身见闻。选择那些曾经经历过的或者最熟悉的情感素材来写，如父子情、母女情、兄弟情、同学情等。身边的人和事、现实的生活、现实的世界，才是作文的源头活水。要学会观察生活、积累生活、感受生活、认识生活、重视人生体验，用自己的眼睛发现生活的可贵之处，用自己的笔去抒写自我的真实感受。

二、抓住细节，加强情感体验

首先，文章感情的表达，是在描写客观事物的基础上进行的。离开具体事物的描写，单靠一些空洞的、生硬的感叹句是无法表达真情的。客观事物有实在性，因此，感情表达要忠实于客观事物的本来面貌，抓住事物感人的细节，真实具体地描写。

其次，要注意中国传统的审美标准是"悲音为美"，往往悲剧最易打动人，所谓"国家不幸诗家幸"就是这个道理。针砭时弊，暴露人性、社会的阴暗面，感叹人生事业的曲折，在达到感情真挚的要求上效果较好。

再次，是用语言形式（如排比、反问等修辞，节奏明快的短句或给人压抑感的长句）去强化情感。只有这样，文章所写的人物才能活起来，所写的景物才能清晰起来，文章才富有感情。

三、发乎内心，倾吐真实感情

文章感情表达的实质，就是人的主观意识的表白，是个人感情的自然流露，因此感情表达不能生搬硬套，言不由衷。只有出自内心，抒发自己真实的、特有的感受，才是自然的、健康的，读者与作者才能产生共鸣；反之，感情虚假、造作，人们读了就会觉得可笑，甚至厌恶。叶圣陶先生强调，作文要"直抒情感""朴实说理"，也是这个道理。

所以，同学们必须懂得，要表达出真情实感，不在于辞藻华丽和语句激昂，而应注意用词造句恰如其分，发自内心，表达出自己真实的感情。

四、通过联想、想象，丰富情感内涵

人在情感活动中容易诱发联想与想象，而联想与想象又是感情发生和发展的内容源泉之一。联想与想象，在写作中的作用几乎无时不在、无处不有，是作文这个生命体里的血液。

想象使得笔下的生活之水源源不断。从哲学上说，事物的存在是客观的、外在的，思维的任务正在于认识客观事物，写作正是对客观事物认识的艺术结晶。作文可以通过联想与想象强化情感。如："夏夜的月亮就像妈妈的笑脸，温馨而美丽。夏夜的月亮，就像老师的眼睛，充满爱意地盯着我。夏夜的月亮，就是我朋友的心，纯洁而善良。"再如"燕山雪花大如席""飞流直下三千尺"等。

联想与想象使作文的内容实现了转换，在转换中丰富起来，生动而形象。我们在写作中也要学会运用联想与想象来使自己的作文情感丰富。但也要注意切合实际，为人们所接受，切不可胡思乱想，闹出笑话。

五、运用技巧，善于表达情感

要写出感情真挚的文章，仅仅有真切而深刻的情感是不够的，还要善于运用多种表达方式和技巧。比如龙应台 1999 年在台湾大学的演讲《我们为什么要学习文史哲》："文学让你看见水里白杨树的倒影，哲学使你从思想的迷宫里认识星星，从而有了走出迷宫的可能；那么历史就是让你知道，沙漠玫瑰有它的特定起点，没有一个现象是孤立存在的。"用形象的语言来表达文学、哲学、历史于人类的重要意义。我们也要学习多种表达技巧，如此作文很自然能吸引阅卷老师的注意力。

总之，我们只要对所写的事物怀着真挚的感情，并能用适当的方法和形式表达出来，那么文章必然感情真挚，动人心弦。

感情真挚就是要求感情要真诚恳切，不能矫揉造作，无病呻吟；就是要求感情要有感而发，发之肺腑。文章是靠真情来打动人的，作文中的情与事、情与人、情与景、情与理，只有巧妙融合，才能情真意切，鲜活动人。

常见失误

误区一：胡编乱造，情感造作

可以说没有虚构就没有文学。一般而言，文章可以有虚构的成分，但虚构不

等于虚假。虚构是生活的再加工，它反映的是艺术的真实。但虚构不是胡编乱造，而是对生活、情理的艺术再现。在生活的基础上加工提炼，适当虚构也不是不可以，只是一定要以一颗敏锐善感的心为底片去观照客观世界，包括自己的生活，也包括经过内化的充满情感的其他生活材料。然后，再将这些情怀诉诸笔端时，因自己有感情投入在先，当然就有了动人的效果。

误区二：空喊口号，无病呻吟

情感，在记叙性的文字中表现为某种感受或表象，明确的逻辑概括很少或比较含蓄，有时也可以通过抒情议论的方式，揭示或点化写人记事的意义或自己的感受。在议论文中表现为某种思想认识，具有明显的逻辑成分，中心论点可以用判断的形式概括。有的同学在写文章时不会表达自己的思想感情，文中的情与事、情与景、情与理、情与人等未能有机地融合，仅靠空洞抽象的形容词和感叹句来表达，往往给人虚假感，读来索然寡味，难以感人。

误区三：描写不实，情感苍白

这种文章，没有生活积累，不能从实际出发，往往是用表面的文字形式掩盖苍白无力的内容，以致感情平淡失真。这种文章往往贪多求全，笔墨分散。其实真正有情的文章从来都是朴素的。要自然得体，清水出芙蓉，天然去雕饰。

误区四：突转无序，令人生疑

这种文章，或是情感大起大落，缺乏必要的铺垫和过渡；或是情感变化过于粗疏，不合逻辑，导致情感失真。

导师名作

本文胜在从日常生活中的小事映射出中国人人性的弱点，语言通俗，但一系列的反问句与排比句使得文章感情喷涌，同时也写出了作者对社会现实的关注与对沉默牺牲者、受害者的强烈情感，可谓哀其不幸，怒其不争。

中国人，你为什么不生气？

龙应台

在昨晚的电视新闻中，有人微笑着说："你把检验不合格的厂商都揭露了，叫这些生意人怎么吃饭？"

我觉得恶心，觉得愤怒。但我生气的对象不是这位人士，而是台湾1800万懦弱自私的中国人。

我所不能了解的是：中国人，你为什么不生气？

包德莆的《苦海余生》英文原本中有一段他在台湾的经验：他看见一辆车子把小孩子撞伤了，一脸的血。过路的人很多，却没有一个人停下来帮助受伤的小孩子，或谴责肇事的人。我在美国读到这一段，曾经很肯定地对朋友说：不可能！中国人以人情味自许，这种情况简直不可能！

回来一年了，我瞪大眼睛，发觉包德莆所描述的不只可能，根本就是每天都在发生，随地可见的生活常态。在台湾，最容易生存的不是蟑螂，而是"坏人"，因为中国人怕事，自私，只要不杀到他床上去，他宁可闭着眼假寐。

我看见摊贩占据着你家的骑楼，在那儿烧火洗锅，使走廊垢上一层厚厚的油污，腐臭的菜叶塞在墙角。半夜里，吃客喝酒猜拳作乐，吵得鸡犬不宁。

你为什么不生气？你为什么不跟他说："滚蛋！"

哎呀！不敢呀！这些摊贩都是流氓，会动刀子的。

（1）文章为什么以"中国人，你为什么不生气"为题？作者通过本文表达了怎样的观点？

（2）文章以一则电视新闻开头，有什么作用？

第2段前承新闻报道，作者情感鲜明地点出自己的看法。

前3段，从新闻报道入手，点出自己的看法，并提出"中国人，你为什么不生气"的质疑。

第5段，通过每天发生的随地可见的生活常态，点出中国人的怕事与自私。

第7、8、9段，连续使用短句，短促有力，情感强烈地表达出作者对于中国人的态度，颇有一些哀其不幸，怒其不争。

那么为什么不找警察呢?

警察跟摊贩相熟,报了也没有用;到时候曝了光,那才真招祸上门了。

所以呢!

所以忍呀!反正中国人讲忍耐!你耸耸肩,摇摇头!

在一个法治上轨道的社会里,人是有权生气的。受折磨的你首先应该双手叉腰,很愤怒地对摊贩说:"请你滚蛋!"他们不走,就请警察来。若发觉警察与小贩有勾结……那更严重。这一团怒火应该往上烧,烧到警察肃清纪律为止,烧到摊贩离开你家为止。可是你为什么都不做;畏缩地把门窗关起来,耸耸肩,摇摇头!

我看见成百的人到淡水河畔去欣赏落日、去钓鱼。我也看见淡水河畔的住家把整笼整笼的恶臭的垃圾往河里倒;厕所的排泄管直接通到河底。河水一涨,污秽气直逼到呼吸里来。

爱河的人,你为什么不生气?

你为什么没有勇气对那个丢汽水瓶的少年郎大声说:"你敢丢,我就把你也丢进去?"你静静坐在那儿钓鱼(那已经布满癌细胞的鱼),想着今晚的鱼汤,假装没看见那个几百年都化解不了的汽水瓶。你为什么不丢掉鱼竿,站起来,告诉他,你很生气?

我看见计程车穿来插去,最后停在右转线上,却没有右转的意思。一整列想右转的车子就停滞下来,造成大阻塞,你坐在方向盘前,叹口气,觉得无奈。

你为什么不生气?

哦!跟计程车可理论不得!报上说,司机都带着扁砖的。

问题不在于他带不带扁砖。问题在于你们这

(3)本文句式和用词口语色彩很强,极具感染力,请举出一例并进行分析。

第9段到最后一段,从生活中的小事入手,沁入作者浓厚的情感,非常具有感染力。

| 第21—23段中列举行为完全来自作者对现实生活的观察，真实且具有典型性。

20个受他阻碍的人没有推开车门，很果断地让他知道你们不齿他的行为，你们很愤怒！

　　经过郊区，我闻到刺鼻的化学品的味道。走进海滩，看见工厂的废料大股大股地流进海里，把海水染成一种奇异的颜色。湾里的小商人焚烧电缆，使湾里生出许多缺少脑子的婴儿。我们的下一代——眼睛明亮、嗓音稚嫩、脸颊透红的下一代，将在化学废料中学游泳，他们的血管里将流着我们连名字都说不出的毒素——

　　你又为什么不生气呢？难道一定要等到你自己的手也温柔地捧着一个无脑婴儿，你再无言地对天哭泣？

　　西方人来台湾观光，他们的旅行社频频叮咛：绝对不能吃摊子上的东西，最好也少上餐厅；饮料最好喝瓶装的，但台湾本地出产的也别喝，他们的饮料不保险……

文章反复出现"你为什么不生气？"用反问的语气，表达作者对国人在日常生活中的自私、麻木行为的强烈不满。反问句式，使情感表达更加强烈，从而增强全文的语势。

　　这是美丽宝岛的名誉。但是名誉还真是其次。最重要的是我们自己的健康，我们下一代的健康。一百位交大学生中毒——这真的只是一场笑话吗？中国人的命这么不值钱吗？好不容易总算有几个人生起气来，组织了一个消费者团体。现在却又有"占着茅坑不拉屎"的"卫生署"、为不知道什么人做说客的"立法委员"要扼杀这个还没有做几桩事的组织。

　　你怎么能够不生气呢？你怎么还有良心躲在角落里做"沉默的大多数"？你以为你是好人，但是就因为你不生气、你退让、你忍耐，所以摊贩把你的家搞得像个大破烂杂院。所以台北的交通一团乌烟瘴气，所以淡水河是条烂肠子，就是因为你不说话、不骂人、不表示意见。所以你疼爱的娃娃每天吃着、喝着、呼吸着化学毒品。你还在梦想他大学毕业的那一天！你忘了。几年前在南部有许多孕妇怀胎九月中,她们也闭着眼梦想孩子长大的那一天,却没想到吃了滴滴纯净的沙拉油,孩子生下来是瞎的、黑的。

不要以为你是大学教授,所以作研究比较重要;不要以为你是杀猪的,所以没有人会听你的话;也不要以为你是个大学生,不够资格管社会的事。你今天不生气,不站出来的话,明天你——还有我,还有你我的下一代,就要成为沉默的牺牲者、受害人!如果你有种、有良心,你现在就去告诉你的公仆"立法委员"、告诉"卫生署"、告诉"环保局":你受够了,你很生气!你一定要很大声地说。

> 最后一段作者用排比句式,对社会和个人提出在社会正义面前要勇敢地站出来,不作沉默的牺牲者、受害人的号召,语势强烈,感情奔涌。

名作赏析

本文语势强烈,感情奔涌,引起读者内心的反省与共鸣。

首先,作者从日常生活中司空见惯的小事入手,写自己的所见、所闻、所思、所感,揭示中国人在社会生活中的种种自私与怕事的行为。文中"你为什么不生气"等文句是作者对此种现象强烈不满的疾呼,是内心对社会、人生、生活的真实感受,所以感情真实且更能打动读者。而"你受够了,你很生气!你一定要很大声地说"一句字里行间所传达出来的思想感情与读者情感进行更加直接的交流,以实现作品的审美功能和社会影响。

其次,在具体的行文过程中作者抓住了生活中更能触动人心的细节,如:"摊贩占据着你家的骑楼……吵得鸡犬不宁""淡水河……污秽气直逼到呼吸里来""计程车穿来插去,最后停在右转线上,却没有右转的意思""郊区……闻到刺鼻的化学品的味道""工厂的废料大股大股地流进海里""我们的下一代……将在化学废料中学游泳"等。每个细节都是日常生活中切实存在且严重影响人们身心健康的现象,作者针砭时弊,暴露人性、社会的阴暗面。

再次,文字和文句是情感表达的基本载体。文章很好地使用了质问的语气,在感情的表达上显得有力而发人深思。"不要以为你是大学教授,所以作研究比较重要；不要以为你是杀猪的，所以没有人会听你的话；也不要以为你是个大学生，不够资格管社会的事。你今天不生气，不站出来的话，明天你——还有我，还有你我的下一代，就要成为沉默的牺牲者、受害人！"语势排比，疾声厉气。全文结构清晰，且以"你为什么不生气"贯穿全文，整篇语势连绵不断，情感层层推进。

立意如月照九州,襟怀高与众山齐

——跟邓拓学写立意明确的议论文

导师简介

邓拓(1912—1966),原名邓子健、邓云特,笔名马南邨、于遂安、卜无忌等。福建竹屿人。当代杰出的新闻家、政论家、历史学家、杂文家。1930年加入中国共产党。抗日战争爆发后,赴晋察冀边区任《抗战报》社长兼主编。后任新华通讯社晋察冀总分社社长等职。1945年主持编印《毛泽东选集》。中华人民共和国成立后,任《人民日报》总编辑、社长。1958年调任北京市委文教书记兼《前线》杂志主编,中华全国新闻工作者协会主席。1960年兼任华北局书记处候补书记,并主编理论刊物《前线》。1961年3月,开始以"马南邨"为笔名在《北京晚报》副刊《五色土》开设《燕山夜话》专栏,共发稿153篇,受到读者喜爱。代表作有《三家村札记》(杂文集)(与吴晗、廖沫沙合著)、《燕山夜话》(杂文集)等。他的杂文爱憎分明、切中时弊、短小精悍、妙趣横生、富有寓意,具有较高的思想性和艺术性。

写作指导

正如乐曲要有主旋律,文章也必须要有主题。文以意为主,也就是说写文章总是要有一定的目的,它往往是作者用客观的态度,去审视、认识、分析这个世界后,从生活中获得本质的东西和自己的感受来影响、教育和感染读者。所以,立意是一篇文章的根本,它直接关系到文章的选材,布局,乃至文章的深度。

一个好的立意，要做到明确、深刻。立意是文章的灵魂，是作者的写作目的。立意明确是写好作文的基本要求，也是评价文章的重要标准。立意明确是指最好不要出现那些让读者都想不透的模棱两可的情感倾向。在文章中的情感指向要明确，该批判的批判，该歌颂的歌颂。如果作者的写作目的不能通过文章表达出来，或者是读者看了作者的文章，不明白作者到底想说什么、到底要告诉读者什么，那么这篇文章的立意就不明确。如：以"幸福"为话题，如果论述面面俱到，结果是谈奉献是幸福、给予是幸福、母爱是幸福、家庭是幸福、团结是幸福等，什么都想谈，什么都没有谈清楚，主题不明确。所以，在实际的写作过程中，要对材料进行高度概括。在概括的基础上进行深刻的思考，由表及里，提升思维的深度，从而实现认识的理性飞跃。这就要求我们能够透过事物的现象去挖掘其内在的本质，思考出对人生、对社会有意义和价值的东西，能在一般认识上再进一步，能发现别人没有发现的那一点，并能给人以启示。

立意深刻的技巧：纵向深入开掘。学会纵向思考，采用层层深入的方法，从不同方面、不同角度，由表及里，由浅入深，多问几个"为什么""怎么办"，使中心思想更突出、更透彻。要达到这一点，在写作中必须从独特的角度揭示事物的特征和规律，要勇于探索和创新，敢于标新立异，做到"人所易言，我寡言之；人所难言，我所言之"。立意的独创性并非凭空而来，也不可随意杜撰，它是从生活中来的。平时要注意观察和体验周围的生活，善于从常见的事物中认识到新的内涵，在观察和研究生活现象的基础上独辟蹊径，有自己独特的感受和发现，只有这样才能写出有新意的文章。一个好的立意，还要内容健康，能反映时代社会的风貌。具体而言，文章所表达出来的思想观点和感情要健康、积极、向上。要避免情绪偏激、态度消极、思想悲观等消极因素在作文中出现。同时，好的立意要反映时代精神，展示时代特征、时代风貌。历史在发展，时代在前进，每个时代都有它的社会生活内容，把能够反映时代精神和当代价值观的东西反映到文章中来，就形成了这一时代文章的新主题以及有别于其他时代的新特征。在写作时，把自己的笔和时代紧紧联结在一起，歌颂"真、善、美"，批判"假、丑、恶"，这样主题才会新颖深刻，文章才会有新意。

常见的作文题目有两大类，一是文字材料类作文，二是图画作文。不同的题型有着不同的审题立意方法，这里我们主要介绍一下材料类作文：

一、紧抓关键词（句），提炼中心

在审读作文材料时要善于抓关键词语。关键词语往往是"文眼"，它蕴含着材料的主旨，因此可以把它作为把握材料、审题立意的突破口。而关键句，一般是些评价议论性的总结的句子，多在材料的末尾。关键句常常有暗示材料中心的作用。所以，有些材料中的关键性语句可以作为选择立意角度的突破口。在材料作文的材料中，关键句常常是命题者或材料中的人物的评议性语句。以下面材料为例：

诗人顾城有句出名的诗："你看云时，我觉得很近；你看我时，我觉得很远。"这里说的是人与人之间的隔膜。

成语中有"咫尺天涯"一词，意思是说虽然近在咫尺，却远如天涯。

海南省海边有一块石碑，上书"天涯海角"，那里就是人们常说的"天涯"，现在飞机几小时就到了。

美国在地球的那一边，似乎也是"天涯"，但卫星电视一下子将它拉到我们面前。这是现代科技的神威，它使我们生存空间的距离相对缩短了，难怪有地球村之说。

阅读材料发现"远、近、咫尺天涯"是关键词，提炼出中心内容是要说明距离的远和近是相对的，有条件的。一、二则材料从心理角度讲咫尺可以成为天涯，这是因为人与人之间心灵的隔膜；三、四两则材料从科技角度讲天涯可以变为咫尺，这是因为科技进步的力量。而"这是现代科技的神威，它使我们生存空间的距离相对缩短了，难怪有地球村之说"就是关键句，写作立意时从这两个角度切入都可以。所以，从关键词句切入，提炼材料的中心，是写材料作文最为常见且最为稳妥的审题立意方法。写材料作文时，如果能准确地提炼出材料的中心，并以其作为文章的主旨，一定会使所写文章既切题又有深度。

二、以果溯因法

事物都是互相联系的，任何事物的产生、变化和发展，都有其内在或外在的原因。写材料作文，审题时如果能由材料中列举的现象或结果推究出造成所列现象或结果的本质原因，从原因切入立意，往往能找到最佳的立意。其解题步骤是：首先整体概括材料中所描述的对象、事件与结果；其次，追问"为什么做这样的事情""为什么会有这样的结果"；第三步：确定中心，组织观点句。例如：

古代有一个渔翁，一天，在井里捞了两条大鲤鱼；第二天，在井里捞到了三条鲫鱼；第三天，仅仅捞到了几只米虾；第四天，第五天……什么也没捞到，这是为什么呢？

分析可知，这段材料所呈现的结果有：第一天收获两条大鲤鱼；第二天捞到三条鲫鱼；第三天，仅仅捞到了几只米虾；第四天，第五天……什么也没捞到。根据结果我们可以追溯其出现的原因依次是：井里水域狭窄，藏鱼不多，自然越捞越少。进而我们可以在此基础上追问"怎样才能捞到鱼"，通过分析材料的主旨就很明显了，即到广阔的空间去撒网，方有丰硕的收获。

三、正确分析关系

不同的材料包含着不同的内在关系。常见的关系有：辩证关系（如学与问）、主次关系（如奉献与索取）、异同关系（如自信与自负）、褒贬关系等。在审读材料时辨明这些关系，对于把握材料主旨确立正确立意非常重要。

1. 辩证分析。

口与鼻争高下。口曰："我谈古今是非，尔何能居我上？"鼻曰："饮食非我不能辨。"眼谓鼻曰："我近鉴毫端，远察天际，唯我当先。"又谓眉曰："尔有何功居我上？"眉曰："我虽无功，若无，成何面目？"

分析可知，寓言强调的是个人利益与集体利益的辩证关系。也即评价个人的业绩不能片面地看他的成绩或缺点，而要放在整体利益当中来考虑，看他为整体做出了什么贡献。如果仅从个人的角度去立意很显然会偏移主题。

2. 辨明主次。

有些材料作文的材料往往会牵涉许多人和事。审题时要抓住材料的主要人物或事件，并舍弃次要人物或事件，从主要人物或事件的角度审题立意。例如：

头顶樱桃树的小鹿

在森林里住着一个猎人。有一次，他在打猎途中遇到了一只美丽的小鹿，可是子弹打光了，于是他顺手把几粒吃剩的樱桃核放进了枪膛。枪响了，头部受伤的小鹿很快消失在密林深处。奇迹就此发生了。第二年春天，人们惊奇地发现，森林里出现了一只头顶上长着樱桃树的小鹿。樱桃小树在小鹿头顶上茂盛异常。在收获的季节里，小鹿摇落鲜红的樱桃果，把果实分给森林里所有的居民，包括那个射伤她的猎人。小鹿由此赢得了大家的喜爱与敬佩。

阅读这则材料，很容易发现小鹿是核心角色，而不是猎人。所以审题立意时要以小鹿为切入点分析：人生就要像小鹿那样，敢于鼓起直面困难的勇气，把袭来的子弹仔细珍藏，在血和泪的浇灌下让它长大、开花、结果。漫漫人生路，几多风雨，几多坎坷，所以我们一定要学会坚强，要笑着面对挫折和打击，并最终把它们转化成前进的动力。当然也可以从小鹿以德报怨，化敌为友，这样才能建立一个和谐的环境立意。

3. 同中求异。

维纳斯失去的手臂就如同一个充满诱惑力的圈套。当断臂的维纳斯出现在人们面前时，吸引了无数趋之若鹜的好事之徒。他们提出了种种接上维纳斯断臂的奇思异想。但迄今为止，仍未有任何一种设计能取得普遍的赞赏。

有一次，记者问棒球明星史蒂夫·加里威："你从来没有哭过吗？"史蒂夫回答说："是的，我从不掉泪。"记者又对他说："我认为你倒不如像大多数人一样，有时不妨也掉掉泪，这样才能证明你是一个真正的人，一个有喜怒哀乐的人，一个感情丰富的男子汉。"

这两则材料表面上看起来风马牛不相及，但仔细一分析就会发现，它们在本质上有许多相同之处。显然，材料一中的好事之徒和材料二中的记者都是求同心理在作怪。这就是这两则材料的共同点。据此可以这样立意：做事要克服求同心理；不可用狭隘的经验看待世界和生活。

4. 观点互补。

志愿军英雄马玉祥曾经说："我不是什么英雄，当年在朝鲜战场上我是一个兵，后来转回地方，我也是一个兵，现在离休了，我还愿当一个兵，这辈子我掂量自己，只要够个兵的分量，也就心满意足了。"

拿破仑说，不想当元帅的士兵不是好士兵。

"互补法"适用于看似矛盾的多元材料，马玉祥与拿破仑的话其矛盾点是显而易见的。在提炼论点时，关键在于分析其统一点。所说的统一点，就是指合理点。"要做一个好兵"有没有合理点，想当元帅是否排斥做一个好兵，"想当元帅"是否有合理的地方，如果前者与后者都合理，那么它们的共同点是什么。如果这些问题都正确地想通了，那么提炼出来的观点就可能符合辩证统一的观点。

5. 明确褒贬。

有些材料作文，材料中的语句常常蕴含着命题者的褒贬情感，审题时学生必须充分捕捉这些语言信息，细致体会命题者的感情色彩，这样才能根据命题者的感情倾向确立最佳的立意角度。例如：

有个老木匠准备退休，他告诉老板，说要离开建筑行业，回家与妻子儿女享受天伦之乐。老板舍不得他的好工人走，问他是否能帮助再建一座房子，老木匠说可以。但是大家后来看得出来，他的心已不在工作上，他用的是软料，出的是粗活。房子建好的时候，老板把大门的钥匙递给他。"这是你的房子，"老板说，"我送给你的礼物。"他震惊得目瞪口呆，羞得无地自容。如果他早知道是在给自己建房子，他怎么会这样呢？现在他只得住在一幢粗制滥造的房子里！

材料中对老木匠的态度一望便知。在立意上要着力于批评他的行为与态度，进而将这种批评提升为一种生活哲学：生活，要积极行动而不能消极应付。凡事不舍得花血汗，不肯精益求精，在关键时刻不能尽最大努力，等我们惊觉自己的处境时，早已深困在自己建造的"房子"里了。

四、由表及里，以实入虚

作文材料在很多时候所记述的是具体的东西、细小的环节。如果在作文立意时就事论事，就会使作文流于表面，缺乏思想的深度，这也是写材料作文的大忌。所以，在具体的写作过程中，我们可在分析材料的基础上，由表及里，把思维引向深入，找到适合自己的切入口拟题立意。例如：

古希腊神话中有这样一则故事：安泰是众所公认的英雄，所向无敌，地神盖娅是他的母亲。安泰在格斗时，只要身不离地，便可源源不断地从大地母亲身上汲取力量，因而能够击败任何强大的对手。不幸的是，安泰克敌制胜的奥妙，被一个叫赫拉克勒斯的对手发现了，于是安泰被弄到空中扼死了。

从材料看，安泰和盖娅是母子关系，安泰和赫拉克勒斯是敌人，一向无敌的英雄安泰被赫拉克勒斯弄到空中扼死。究其原因则是安泰离开了力量之源——大地母亲。我们可以进一步思考，从安泰的角度探究他失败的原因，一向无敌是因为不断从大地母亲身上汲取力量，而被扼死是因为离开了大地被弄到空中，没有了力量之源。因此，我们可以得出更加深刻的立意，个人的力量是渺小的，要依靠集体才能有所成就。

对于抽象的材料，特别是寓言和名言型材料，其含义常常含而不露，具有很强的隐喻性或象征性。在确定立意时，要把抽象事物与现实生活相联系，把有关材料放在一定的大背景下来思考，找到它们的关联点，挖掘它们的社会意义，进而提炼出深刻的主题。例如：

哲学家维特根斯坦说："我贴在地面步行，不在云端跳舞。"

这则材料审题立意的关键在于解读哲学家维特根斯坦的这句名言。"我贴在地面步行"可以理解为对事业、对人生要沉稳务实，一步一个脚印。"云端跳舞"可以理解为对事业、对人生浮躁轻率，虚无缥缈，毫无依托。两句连在一起可以看出哲学家的观点：赞同沉稳务实的人生追求，鄙弃浮躁轻率的人生选择。故此，可立意为：沉稳务实的人生最美；虚无缥缈的"舞蹈"最可怕；没有脚踏实地，就没有人生成功；务"虚"注定人生一场空。

五、多向辐射

有些材料作文的材料比较散，常常会出现许多人和事，好像根本就没有一个明确的中心。对于这样的材料，审题时可以采用多向辐射的思维方法围绕材料展开多角度立意。比如，既可以着眼于甲事物立意，又可以着眼于乙事物立意，也可以着眼于甲、乙两事物的关系立意；既可以联系事物（对象）的正面立意，还可以联系其侧面和反面立意。例如：

新春，小爬山虎要长大了。妈妈告诉他屋顶上有更美丽的风景，但要观赏到它却只能靠自己的努力。于是小爬山虎便沿着墙壁往上攀缘了。墙角的竹笋嘲笑他柔弱才疏、动作迟钝，路边的小草讽刺他胸怀野心、趋炎附势，低矮的牵牛花则羡慕他坚毅有力、能爬高墙。在太阳伯伯和风姑娘的鼓励下，小爬山虎终于爬上了屋顶。举目四望，虽然视野开阔了，可风景似乎不如想象的那样美丽，小爬山虎不免有点失望和怅惘。突然楼上一个孩子推开窗，看到葱郁的绿叶，高兴地对爷爷说："多好的爬山虎啊，夏天我们有阴凉了。"小爬山虎听了心里甜甜的，一时百感交集，陷入了沉思……

这则材料，抓住最后小爬山虎陷入沉思这一内容，展开合理的联想，就可以出现不同的立意点。可以从小爬山虎的角度来思考，小爬山虎在长大的过程中，遇到了来自不同方面的声音：妈妈的鼓励，墙角的竹笋和路边的小草的嘲讽，自己的失望和怅惘，小孩子的喜爱等。

这个材料实际上写出了小爬山虎心理成长的过程，这和人的成长过程是一样的。面对成长，我们该怎样看待别人的批评或者表扬呢？对待同一件事，我们要学会辩证地去分析、解决问题。我们还可以从小爬山虎妈妈的角度来立意，由小爬山虎妈妈的教育联想到我们的家庭教育。在成功者的家庭教育中，父母不是孩子的主宰者，而是孩子成长中的引路者。再想想那些"溺爱"下的孩子们，他们没有目标、没有理想等等。由此，可以写"教育孩子要树立正确的目标，才能成功""要靠自己的努力，不畏惧艰险，取得成功"等。同样也可以从墙角的竹笋、路边的小草的角度来写。小爬山虎成长的过程中，不可能一帆风顺，而墙角的竹笋、路边的小草就可以说是反对者。这种批评会让他失落，甚至停滞不前。但是，小爬山虎最终顽强地爬上了屋顶。小爬山虎的成功，可以说明适时的批评能成为人们前进的动力。在生活中，老师、家长的批评，可能语气较强硬，态度较严厉，但是我们要学会理解他们，他们是希望我们明天会更好。由此可以写"批评的价值和意义""在批评中学会长大"等。也可以从牵牛花、太阳伯伯、风姑娘的角度来写，小爬山虎的成功是与牵牛花的赞扬、太阳伯伯和风姑娘的鼓励与支持分不开的。没有他们的支持和鼓励，就没有小爬山虎前进的动力。联想到生活中，一些成功人士的身后总会有很多幕后英雄，正是这些幕后英雄的支持与鼓励才成就了成功人士的辉煌。由此，可以写"鼓励与信任才能成功""成功的背后"等。

常见失误

误区一：误解材料，题型不清

也就是在审题立意时，错误地把材料作文的材料当做话题，或误把材料作文的材料看做命题作文的提示。

误区二：断章取义，因小失大

不能深入理解材料所包含的中心意思和命题者的意图，随便以某个自己感兴趣的词语或句子为立足点就开始作文，造成偏题跑题。

误区三：只见现象，不见实质

对那些寓含着深刻哲理的材料，简单地从表面引发，不能透过现象看本质。

误区四：忽视要求，抛却材料

不重视对材料之后的作文提示或要求的审读，忽视题目限定的条件，甚至完全抛弃材料，任意发挥，作文主旨与材料毫无关联甚至相悖。

误区五：主题分散

想面面俱到，却面面不到。

导师名作

这篇《三种诸葛亮》别出心裁，对诸葛亮的评价没有流于常俗，而是谈论了"事前的诸葛亮、事后的诸葛亮和带汁的诸葛亮"。表面谈诸葛亮实则是点出来社会上一些人对待处理问题的不同态度，观点独特，启人深思。

三种诸葛亮

邓 拓

谈起诸葛亮，一般人对他大概都有好感。是不是每个人都喜欢他呢？那也不尽然。

有的人对于诸葛亮不但没有好感，反而很有恶感。比如在云南，有的少数民族同胞就很不喜欢诸葛亮。在他们那里，流传着一些民间故事，都以诸葛亮为讥嘲讽刺的对象。这是为什么呢？大概因为诸葛亮生在公元第三世纪的三国时代，不像我们现在懂得讲究民族政策，当时他不可避免地存在着大民族主义的错误思想，得罪了一些兄弟民族。正是由于这个缘故，所以我们在《三国演义》中看到的所谓"七擒孟获"的故事，在云南有的兄弟民族的民间故事中，就变成了"七擒诸葛亮"，而孟获则受到同情和赞扬。

如果从各个方面搜集各种材料，一一加以比较研究，我们将不难发现，人们所设想的诸葛亮这个历史人物，可能有多种多样的面目。例如，在陈寿的《三国志》中描写的，算是历史家笔下的诸葛亮；在罗贯中的《三国演义》中，算是小说家笔下的诸葛亮。而在现时仍然流行于京剧舞台上的《借东风》等剧目中，诸葛亮的面目又是一种样子，这只能算是舞台上的诸葛亮。

这些当然还是赞颂诸葛亮的居多。因为这些史籍、小说和戏剧之类，基本上都是在汉族人民群众中流行的。他们历来把诸葛亮当做先知先觉、多谋善断的伟大人物，似乎一切人的聪明智慧都无过于诸葛亮，都要以诸葛亮为代表。但是，我现在并不打算来谈论这些，而只想另外谈谈三种

第2段首先叙述了云南少数民族同胞眼中的诸葛亮、历史家笔下的诸葛亮、小说家笔下的诸葛亮、京剧舞台上的诸葛亮等多种形象，进而提出自己并非人云亦云，而是从不同的角度诠释三种诸葛亮。

（1）下面两个句子中"诸葛亮"的意思一样吗？请解释。
①谈起诸葛亮，一般人对他大概都有好感。
②我现在并不打算来谈论这些，而只想另外谈谈三种诸葛亮。

第5、6段，首先提到一般人眼中的诸葛亮总有先见之明，其所谓"事前诸葛亮"。作者客观地分析了诸葛亮的先见之明并非是什么神通，而是得益于他平素注意调查研究各种情况和对于政治、经济、历史的背景的积累，足见"事前诸葛亮"的可贵。继而通过"马谡失守街亭"的事例论述了"事后诸葛亮"的难得。否定了，有些人把事后诸葛亮当做了一种讽刺的论调。

诸葛亮，即事前的诸葛亮、事后的诸葛亮和带汁的诸葛亮。

人所共知，传说中的诸葛亮料事如神，不论遇到什么事情，他差不多都能够预先做出种种安排。所以，一般人提到诸葛亮，总认为他有先见之明。这就是我们说的事前的诸葛亮。这种诸葛亮当然是最可贵的了。

为什么诸葛亮会有先见之明呢？是不是因为他懂得天文地理，熟悉阴阳五行，甚至于真的会呼风唤雨，驱使六丁六甲之类的天兵天将，简直像神仙一样的呢？当然不是。他之所以会有先见之明，主要还是因为他平素注意调查研究各种情况，熟悉各地山川形势、道路里程、民情风俗等等，并且有丰富的知识，对于政治、经济、历史的背景了如指掌。如果缺乏这些条件，任何先见之明就都不过是吹牛而已。但是，诸葛亮的先见之明也不宜过分加以夸大。实际上，他并非在任何时候对任何事情都有先见之明。误用马谡以致失守街亭，这不是缺乏先见之明吗？不过，话又说回来了，我们评论古人，如果提出这样的要求，也未免太苛求了吧！

说一句公平话，在千变万化的新事物面前，我们也不必过分强调事前的诸葛亮，宁可多一些事后的诸葛亮，倒也不坏。问题就要看我们对于事后的诸葛亮，究竟应该如何看？常常可以听见，有些人把事后诸葛亮当做了一种讽刺。如果对于那种光在旁边说风凉话，临事毫无主张，事后就哇啦哇啦的人，讽刺是应该的。否则，就是不应该的。因为诸葛亮的先见之明，无不是从无数次事后研究各种经验教训中得来的。有许多事情，在它们没有发生的时候，根本无法预断它们是什么样子；只有当它们已经发生了，至少是已经露出了萌芽之后，才有可能对它们进行分析研究，才有可能做出某些判断，估计它们的发展前途。

因此，应该承认，在这种意义上，事后的诸葛亮还是有用处的。由事后的诸葛亮到事前的诸葛亮，这是一个正常的必经的认识过程。

只有带汁的诸葛亮是最要不得的。这个名目见于岳飞的孙子岳珂的《桯史》第十五卷《郭倪自比诸葛亮》的一条记载中。据称："郭棣帅淮东，倪从焉。……议论自负，莫敢近之。一日，持扇题其上曰：三顾频烦天下计，两朝开济老臣心。盖意以孔明自许。……后屡败，倪自度不复振，对客泣数行。时彭法传师为法曹，好谑，适在座，谓人曰，此带汁诸葛亮也。传者莫不拊掌。"

像郭倪这种带汁的诸葛亮，简直令人发笑，也令人作呕。然而，这也证明，冒充诸葛亮，假装诸葛亮是吓不住人的，总会有一天要原形毕露，被天下人所耻笑。

1962年3月

（选自《邓拓散文选集》，百花文艺出版社，有删改）

> 第9、10段，运用了《桯史》第十五卷《郭倪自比诸葛亮》的例子形象地论述了"带汁的诸葛亮"最要不得的观点。

> （2）文中"带汁的诸葛亮"有哪些特点？请用自己的语言概括。

名作赏析

本文对诸葛亮的分析别具一格。作者并没有过多地分析多种诸葛亮形象，而是由表及里深入思考，透过诸葛亮的近乎玄逸的形象，洞明他之所以会有先见之明，主要还是因为他平素注意调查研究各种情况，熟悉各地山川形势、道路里程、民情风俗等等，并且有丰富的知识，对于政治、经济、历史的背景了如指掌。透过事物的现象去挖掘其内在的本质，思考出对人生、对社会有意义和价值的东西，才能得出新颖的见解。

前面我们谈到纵向思考、层层深入的方法，能够使文章中心思想更突出、更透彻。传统的诸葛亮形象各异，然而作者并没有仅仅停留在浅层的讨论上，而是纵向深入开掘，从不同方面、不同角度深入探究事前诸葛亮和事后诸葛亮背后折射的是当下社会处理问题的态度与方法。并提出，诸葛亮的先见之明，是从无数次事后研究各种经验教训中得来的；而事后诸葛亮的可贵之处在于当事情发生后，对其进行分析研究，才有可能做出某些判断，估计它们的发展前途；"带汁的诸葛亮"只知道唬人，失败后原形毕露，软弱无力，令人作呕。这些反映了时代社会的风貌，反映了当时的时代精神和价值观。

　　可见，把自己的笔和时代紧紧联结在一起，歌颂"真、善、美"，批判"假、丑、恶"，主题才会新颖深刻，文章才会有新意。

文章布局如棋局,斗引埋伏早相机

——跟李大钊学写布局合理的议论文

导师简介

李大钊(1889—1927),字守常,河北乐亭人。中国共产主义的先驱、伟大的马克思主义者、杰出的无产阶级革命家、中国共产党的主要创始人之一,他不仅是我党早期卓越的领导人,而且是学识渊博、勇于开拓的著名学者。十月革命后,他以《新青年》和《每周评论》等为阵地,相继发表了《法俄革命之比较观》《庶民的胜利》《布尔什维主义的胜利》《我的马克思主义观》《再论问题与主义》等大量宣传十月革命和马克思列宁主义的著名文章和演说,阐述十月革命的意义,讴歌十月革命的胜利,旗帜鲜明地批判改良主义,积极领导和推动五四爱国运动的发展,成为中国共产主义的先驱,在中国共产主义运动和民族解放事业中,占有崇高的历史地位。

写作指导

写文章如同建筑园林,讲究布局。议论文常见的布局有:逐层递进式、正反对比式、综合式。

一、逐层递进式布局

指写文章时构建的层次之间环环相扣、步步深入的结构体系,也叫纵向结构。具体操作时可从现象到本质,也可从原因到结果、从一般到特殊等。逐层递进式论证结构不但体现作者思维的清晰性,更能反映作者思维的深刻性。如以"节俭"

为话题，可以先确立一个中心论点，教育广大青年勿忘节俭精神。分论点①：节俭是古圣今贤提倡的美德；分论点②：当今社会仍需提倡节俭；分论点③：我们青年学生尤其应该提倡节俭。这是针对当今青年学生生活奢侈浪费的现象而发的议论，论述时最应强调突出"对青年学生的劝导"，前面所设置的两层作为铺垫，于是形成了三个逐层递进式的分论点。

在具体的写作过程中可参考如下几种思路设置逐层递进式结构分论点：

1. 论述对象由小到大或由大到小。在围绕中心论点分层展开论述时，可对不同的对象由小到大进行论述从而构成了层进关系。比如在论证中心论点"奉献"时从"个人""集体""国家"三个角度，论述的范围由小到大，围绕中心，层层推进。

2. 由浅入深，揭示内涵，拓展思路。写作时先从中心论点的浅层内涵入笔，继而逐层深入，使所论述对象的内涵不断丰富，层与层之间构成递进关系。如在论证"读书的艺术"时可设置分论点①：读书是一种享受生活的艺术；分论点②：读书是一种充实人生的艺术；分论点③：读书是一种感悟人生的艺术。"享受生活""充实人生""感悟人生"，内涵不断丰富，段意层层推进。

3. 三步式构建，即在提出中心论点之后，从"是什么"的角度解释论点中的相关概念，提出问题，或指明问题的实质等，为展开分析说理打好基础；然后从"为什么"的角度阐释分析论点的意义或对论述对象作必要的说明等；最后写"怎么做"指如何在现实生活中应对或解决所论述问题。如此提出问题、分析问题、解决问题，步步深入。"为什么"与"怎么做"是文章的主体部分，这两部分可以并重，也可以有所侧重。

4. 从"现象"到"原因（根源）"到"影响"到"呼告"组织分论点。如针对某社会现象论述时，可以从摆现象、析原因、论危害、挖根源等角度去分析问题。例如在围绕"发展经济，不能以牺牲资源为代价"这一中心论点分析说理时，可先摆出若干发展经济以牺牲资源为代价的现象，如乱砍滥伐、盲目开发矿产资源等；接着分析造成这一现象的原因：一心为了获得眼前的经济利益，为了完成经济指标，没有科学的计划，没有法规保障等；然后分析它的危害，如果不加制止地任意发展下去，会造成资源的浪费、枯竭，造成环境恶化的后果；在此基础上挖出其根源，说到底这是科学发展观的缺失；最后重申观点，发出号召。如此，由表及里、由现象到本质，使文章逐层深入、论证深刻。

二、正反对比式布局

指在议论部分从正反两方面提出分论点或摆出正反两方面的论据，加以论证，得出结论。写作时首先要围绕中心论点准确定位对比点。所选对象必须是两种性质截然相反或有差异的事物，论证时要紧扣文章的中心。

正反对比论证一般有两种思路：一种是将发生在同一时期、同一领域的两种性质截然相反的或者有着明显差异的对象进行比较。通过这样的对比，对错误的对象予以否定，对正确或者好的对象进行肯定。以"学然后知不足"为题，可首先正面提出论点"学习能使我们认识到自身的不足"；然后从反面论证"不学习的人看不到自己的不足而自高自大"；得出最后结论"我们只有在学习中不断认识到自己的不足，才能自谦自励，永远进取"。作者从正反两个方面分别论述了学习的重要性以及不知学所带来的恶果，很显然是从我们的角度入手就学习的重要性进行了论述。另一种思路是将同一事物在不同的时间、地点的不同情况进行比较。如以"感恩"为题，可首先从正面提出观点"忠则《出师表》，孝则《陈情表》，这两表道尽了人间感恩的真谛，演绎了人世间感恩的传奇"。在此分论点下，围绕感恩正面论述"为报刘备三顾茅庐之恩，诸葛亮六出祁山，巧计破敌军，为刘备打天下立下了汗马功劳"。"出师未捷身先死，长使英雄泪满襟"是后人为他写下的诗篇。为报当年的知遇之恩，他用毕生的精力向后人诠释了感恩的真谛。自幼失去父母是李密的不幸，但祖母却用自己的温暖让这个可怜的孩子长大成人，且名扬四方。为官作宰是多少读书人毕生的梦想，十年寒窗不正为一朝为官？然而当这个机会真正来临，李密却不曾忘记自己的祖母。他放弃了这个机会，因为他知道"祖母无臣无以终余年"。在为官和报恩之间他选择了后者，向世人彰显了一首伟大的诗篇——感恩。他们的感恩温暖了自己，感动了后人。那一刻，幸福之花，在他们感恩的枝头灼灼其华。接着从反面提出，"感恩之心，是我们维系这个世界的根本，拥有感恩的心，才能称之为有灵性的人，然而一旦失去，后果不堪设想"。正反纵向论述，形成鲜明的对比，充分说明了"因为懂得感恩，世界才会如此美丽"的道理。

三、综合式布局

以上阐述了两种单一的文章结构方法。但是在实际的写作过程中，一篇成功的议论文不可能仅用其中的一种结构方式，大多数情况是多种结构方式并用，我们可称之为综合式。具体写作时第一段首先点明观点，可用名言，或排比，或比兴，总之做到简洁鲜明。第二、三、四段是文章的主体部分，可用并列排比、递进论述等构建分论点。为使文章思路清晰易辨，分论点应写在各段的段首位置，如有必要也可单独成段。在论述过程中注意叙议结合，举例详略得当。第五段可作辩证分析，挖掘事物的根源。第六段联系实际，升华主题。另外，也可以尝试呼告式的结尾，呼吁社会关注所论述的主题。

常见失误

误区一：缺乏逻辑，层序散乱

在组织层进式分论点时缺乏内在的逻辑关系。所以在动笔前要安排好材料的先后顺序，既要紧扣行文的要求，又要能体现出文章的层进式结构。

误区二：正反论证，主次不明

在运用正反论证时不分主次，论证不明。文章从正面立论，主体部分就应以正面论述为主，以反面论述为辅，反之亦然。正反对比式的结构，既可运用于段与段之间，也可运用于段内句与句之间。因此，无论是各段还是全篇的写作都不能出现不分主次的情况，而应论点突出，正反相依，以增强文章说服力。

导师名作

李大钊不仅是中国共产党早期卓越的领导人，而且也是一位渊博的学者。《今》是他的代表作之一，作者从时空、宇宙的广阔中感悟时光宝贵，告诉世人今日应当努力，文章发人深思、启人心智。

今

李大钊

第1段，开篇提出"今"最易丧失，最为宝贵。

我以为世间最可宝贵的就是"今"，最易丧

失的也是"今",因为他最容易丧失,所以更觉得他可以宝贵。

为什么"今"最可宝贵呢?最好借哲人耶曼孙所说的话答这个疑问:"尔若爱千古,尔当爱现在。昨日不能唤回来,明天还不确实,尔能确有把握的就是今日。今日一天,当明日两天。"

为什么"今"最易丧失呢?因为宇宙大化,刻刻流转,绝不停留。时间这个东西,也不因为吾人贵他爱他稍稍在人间留恋。试问吾人说"今"说"现在",茫茫百千万劫,究竟那一刹那是吾人的"今",是吾人的"现在"呢?刚刚说他是"今"是"现在",他早已风驰电掣的一般,已成"过去"了。吾人若要糊糊涂涂把他丢掉,岂不可惜?

有的哲学家说,时间但有"过去"与"未来",并无"现在"。有的又说,"过去""未来"皆是"现在"。我以为"过去未来皆是现在"的话倒有些道理。因为"现在"就是所有"过去"流入的世界,换句话说,所有"过去"都埋没于"现在"的里边。故一时代的思潮,不是单纯在这个时代所能凭空成立的,不晓得有几多"过去"时代的思潮,差不多可以说是由所有"过去"时代的思潮,一凑合而成的。

吾人投一石子于时代潮流里面,所激起的波澜声响,都向永远流动传播,不能消灭。屈原的《离骚》,永远使人人感泣。打击林肯头颅的枪声,呼应于永远的时间与空间。一时代的变动,绝不消失,仍遗留于次一时代,这样传演,至于无穷,在世界中有一贯相联的永远性。昨日的事件,与今日的事件,合构成数个复杂事件。此数个复杂事件,与明日的数个复杂事件,更合构成数个复杂事件。势力结合势力,问题牵起问题。无限的"过去",都以"现在"为归宿。无限的"未来",

第2段,用一个设问句和哲人耶曼孙所说的话指出"今"的宝贵。

第2、3段分别论述了两个问题:为什么"今"最可宝贵、为什么"今"最易丧失。

第5段,"屈原的《离骚》,永远使人人感泣。打击林肯头颅的枪声,呼应于永远的时间与空间"论述了现在的"铃"与过去遥相呼应,并说明"今"的宝贵。

都以"现在"为渊源。"过去""未来"的中间，全仗有"现在"以成其连续，以成其永远，以成其无始无终的大实在。一掣现在的铃，无限的过去未来皆遥相呼应。这就是过去未来皆是现在的道理，这就是"今"最可宝贵的道理。

<u>吾人在世，不可厌"今"而徒回思"过去"，梦想"将来"，以耗误"现在"的努力；又不可以"今"境自足，毫不拿出"现在"的努力，谋"将来"的发展。</u>宜善用"今"，以努力为"将来"之创造。由"今"所造的功德罪孽，永久不灭。故人生本务，在随实在之进行，为后人造大功德，供永远的"我"享受，扩张，传袭，至无穷极，以达"宇宙即我，我即宇宙"之究竟。

（原载1918年4月15日《新青年》第4卷第4号，本文有删节）

（1）如何理解第6段画线句子的含义？请结合你们正值青春年少的人生特点并引用恰当的名言警句简要回答。

（2）本文透辟地论述过去、现在、未来三者的辩证关系，意在告诉我们什么道理？

名作赏析

这篇文章布局讲究。全文采用综合式布局的手法，第2段和第3段运用并列式结构阐述昨日不能唤回来，明天还不确实，能确定的只有把握今日；宇宙大化，绝不停留，故而今天最易丧失。第4段先列举了两种关于"过去"与"未来"的说法，继而使用驳论的方式提出"过去未来皆是现在"的观点。前4段把立论与驳论相结合，富于变化，使文章论述更加灵动。第5段至最后一段再次从吾人的角度论说时间的宝贵，并提出，吾人在世，不可厌"今"而徒回思"过去"，梦想"将来"，以耗误"现在"的努力；又不可以"今"境自足，毫不拿出"现在"的努力，谋"将来"的发展。宜善用"今"，以努力为"将来"之创造。文章从哲学家的探讨深入到吾人的生活，层次构建清晰，体现了作者思维的清晰性，更能反映作者思维的深刻性。

有心笔落惊风雨，酌字诗成泣鬼神
——跟臧克家学写语言生动的议论文

导师简介

臧克家（1905—2004），山东潍坊诸城人，曾用名臧瑗望，笔名少全、何嘉。现代杰出诗人，忠诚的爱国主义者，中国民主同盟盟员。曾任全国人民代表大会第二、三届代表；全国政协第五、六、七、八届委员，第七、八届常务委员；中国作家协会第一、二届理事，第三届理事、顾问，第四届顾问，第五、六届名誉副主席；中国文联第三、四届委员，第六、七届荣誉委员；中国诗歌学会会长；《诗刊》主编。他的第一部诗集是《烙印》，其后还出版了诗集《罪恶的黑手》《泥土的歌》。主要作品还包括讽刺诗集《宝贝儿》、文艺论文集《在文艺学习的道路上》。其短诗《有的人》被广泛传颂。

写作指导

"文采"，《现代汉语词典》解释为"华丽的色彩"。古人云："言之无文，行而不远。"文采之于文章，犹如佳人的丽服，锦上添花。有文采，就是指文章言辞传神，生动活泼，词采绚烂，文句整齐，笔调优雅，能把所状之物、所叙之事写得绘声绘色，有血有肉；把所议之理阐发得生动形象、精辟透彻。在实际写作中要消除议论文不必追求文采的错误认识。只有认真品读有文采的精美时文，确立适合自己的语言风格，继而认真训练掌握方法，才能使自己的文章展现出亮丽的色彩。这里介绍几种可以给文章增光添彩的方法。

一、锤炼语言

文章中的字、词、句等语言要素，就像建筑中所用的沙、石、砖、木、水泥等一样。建筑材料，在工程动工之前，就得准备齐全，写作所用的语言材料，事先也得准备好，如果我们头脑中词汇贫乏，挑选的余地就小，就难以找到那个词，肚里空空如也，下笔时怎么能文思泉涌、一挥而就呢？茅盾先生曾说："从事写作，第一个条件当然是要善于用字。思想、情绪、形象，都要靠确当的字来表达和描写，用错了字，便会'词不达意'，乃至与本意相反。"所以，我们在写文章时要在语言的选择上下足功夫，力求把事物的形神和作者的情感、观点准确而生动地表现出来。

1. 要有同义词变换的意识。同义词的替换往往会使文章更加生动形象，同时也可避免同一词语的反复使用。当然，语言表达的准确性是锤炼语言的前提。有些词语虽然是同义词，但在具体语境中使用时仍然要注意辨析它们的内涵、色彩及用法。如方志敏《可爱的中国》："那知道从我上身摸到下身，从袄领捏到袜底，除了一只时表和一支自来水笔之外，一个铜板都没有搜出。"其中这几个量词就不能随便替换。再如"奴才"和"奴仆"，都指供主人驱使而没有人身自由的人，但"奴才"有鄙夷的感情色彩，"奴仆"没有这种色彩。

2. 语言要绘声绘色。就是把自然界的声响、物体的形状与色彩等具体地描写出来，使之具有画面美、立体感，给人以身临其境之感。使语言富有色彩最为常见和有效的方法是使用比喻、比拟、移就、通感、排比、对偶等修辞格。"当虞姬横刀一抹，锋刃闪动湛蓝的光，鲜红流过雪白的颈。壮士掩面，乌骓悲鸣。你英雄的传奇曾是莫敢仰视的神话，破釜沉舟是你的万丈豪情，乌骓往来奔突，每一回合的厮杀，都使尸骨成山，流血漂橹。当楚歌的旋律从四面八方逼来，像蚀人心魄的魔音折磨着你的耳鼓，于是，阑干泪水冲垮了你的骄矜。"这一段文字声色俱全，着实感人肺腑、发人深思。

3. 化抽象概念为形象表达。议论文往往讨论一些抽象的概念、社会问题，如果在写作时能够巧妙地化抽象为形象，则会使所表达的内容更加具有感染力，整篇文章也会因之增色不少。例如在论述"青春"时可以这样来写，"即使青春是一枝娇艳的花，但我明白，一枝独放永远不是春天，春天该是万紫千红的世界。即使青春是一株伟岸的树，但我明白，一株独秀永远不是挺拔，成行成排的林木，才是遮风挡沙的绿色长城。即使青春是一叶大海孤高的帆，但我明白，一叶孤帆很难远航，千帆竞发才是大海的壮观。"

4. 调整词语的韵律。汉语是一种具有音韵美的语言。所谓韵律美，是指作者在写作时，利用汉字平仄的变化与音韵的和谐等声律特点，形成的一种抑扬顿挫的音律美，读来铿锵有力而朗朗上口，使文章情文并茂，音义兼美。在实际写作过程中要注意用词声调的搭配，甚至可以有意识地协调一下韵脚。例如"春姑娘迈着轻盈的步履款款而行。她携着神奇的小花篮，把五彩的鲜花撒向山坡，撒向田野；她伴着淅沥的小雨点，把美丽的故事讲给鱼儿，讲给青蛙；她跟着山间的小溪流，把婉转的歌儿唱给青山，唱给牧童；她带着归来的小燕子，把春天的喜讯传遍山村，传遍农家。"

当然，锤炼字词并非一日之功，我们需要掌握一些锤炼语言的方法和技巧，勤加训练，经常推敲揣摩，自然会提升自己词语的运用能力。

二、变换句式

中国人的审美观念一般以对称美为审美参照，由于文化与审美的渊源，中国人讲究文采一般偏重于匀称的形式。句式匀称并非句式一成不变。在议论文的写作时考生可以有意识地调整句式结构，整、散句有机结合，错落有致，使整篇文章灵动有力，会给人以极深的印象。

1. 整句和散句灵活穿插。整句是结构相同或相似、字数大体相等、排列整齐的一组句子。其优点是具有音韵的和谐美，节奏形式上的整齐美。运用这种形式应注意不要刻意追求形式，而重在内容的深刻含蓄。散句是指结构不同、句式长短不齐、交错运用的一组句子。散句的使用能使语句灵活自然，富有变化，避免单调呆板。恰当地交错使用整句和散句，语言就会变化多姿，可以使文章生动活泼、挥洒自如而又节奏鲜明、气势磅礴。如："兼听则明，偏信则暗，这已是被无数古今事实证明了的真理。邹忌直言讽谏，齐王悬赏纳谏，齐国得以强盛；王平诚心忠告，马谡固执己见，街亭终致失守；唐太宗任用魏征，开言路，纳直谏，得有贞观之治；朱元璋求教朱升，广积粮，缓称王，建立大明天下；李鼎铭的意见得到采纳，精兵简政，人民拥护；马寅初的理论遭到批判，人口激增，国家受害……这些事例，不都有力地说明了从善如流的重要吗？"这段文字写得极为简洁，整散穿插呼应，句子长短参差错落，读起来跌宕起伏、铿锵有力，称得上融声美、行美、意美于一炉，既给人以美的享受，又给人以深刻的启迪思索。在考场作文中，若能灵活运用整散句，雕琢一个开头或结尾，定能点亮全篇的"文采"。

2. 善于调节语句节奏。我们在行文时，注意语句停顿节拍的匀称、均衡。这样既可调节词和短语的疏密关系，又可形成一种强弱、长短交替的节奏，以增强文章的旋律美。例如，刘棣华《月是故乡明》："四十年别井离乡，雁杳鱼沉；

五百个月缺月圆,梦萦魂牵。乡心无限而人生有限,月缺有圆却人离难聚,怎不叫故乡亲子思绪百结呢?如今盈盈一水,咫尺天涯,离散的亲人要想寻点骨肉人伦之慰,也就只有千里共婵娟了。"第一、二句的节奏都是三、二、二,二、二式,第三句与第四句的节奏也相同,都是二、二、三、二式。第五句变化为三、四、二、三式。作者快慢结合、长短交错的节奏安排使得文章诵读起来,音韵铿锵,朗朗上口。"齐鲁高朋,豪饮放歌,同销万古匡世愁;夜度越湖,梦游天姥,且寄鸿志青崖间。今生做不成廊庙伟器,可天生我材必有用;百结愁肠、万古块垒,不过浊酒一杯耳!当心镜云开,逆浪踏平,便是破雾霞光、鼓帆长风。于是文苑诗坛,响彻你雄浑的晚唱!翰林学士,数载宦海沉浮,苦矣,痛矣!青莲居士,满腔浪漫豪情,快哉,幸哉!"很明显,这段文字与刘棣华《月是故乡明》有异曲同工之妙。

三、巧妙使用名句

古诗文名句及外国名言警句是前人精心锤炼出来的,有极强的生命力与时空的穿透力,若能恰到好处地引用,不仅能含蓄地表达作者的思想感情或主张,而且能使文章富有文化意蕴,增添文采,提高品位,受到读者的青睐。恰当地引用名言警句,能丰富文章的语言,增强文章的表达效果,文章不可能字字珠玑,而如果能引用一些闪着智慧光彩、蕴含着丰富思想内涵的名言警句则往往会使文章大大增色。对名句的使用一般有三种方式:直接引用、间接引用、化用。

1. 直接引用。即引用名言完整句子,这些句子可以找到出处,在行文形式上用引号标明。如:历史记下了无数这样的"傻瓜"。从"居陋巷,人不堪其忧,回也不改其乐"的颜回,到"开荒南野际,守拙归园田"的陶渊明;从"安能摧眉折腰事权贵,使我不得开心颜"的李白,到"一腔热血勤珍重,洒去犹能化碧涛"的秋瑾,这些"傻瓜"们,为了一个可道又不可道的"道"字,甘守清贫,粪土权贵,直至"殉道",他们真是"傻"得可爱,可敬!看来他们对于人生答案已经写在自己的言行中了。

2. 间接引用。只涉及名人或名篇,不直接引名人名言的概括引用,有时甚至连名人名篇都不提及,只是以概括或假设的形式出现,在形式上不用引号标明。如:为国家、民族的利益着想,这是中华民族的优良传统。古代有"哀民生之多艰"的屈原,念念不忘平定中原的陆游,"精忠报国"的岳飞等民族英雄。近代有孙中山、毛泽东、周恩来这些中国的脊梁,他们本着"先天下之忧而忧,后天下之乐而乐"的观点,救民于水火之中,兴国于混乱之世。

3. 巧妙化用。有许多优秀的诗词,对于不同的作文话题,却不能完全直接引用。这时，我们就可以进行巧妙的化用。通过裁剪、修改原诗文的语句，转化为自己的语言进行写作，它没有特别的标识符号。这种写法，要在充分理解诗词的基础上，围绕情境或话题，将其变化为另一种方式进行再现，或者保留这种形式，或在立意上更深一层或反其意而用之。如"当你背上行囊上路时，当穿过西风凋碧树的季节，穿过为伊憔悴的隘口，待到白发披头的时候，站在人生的彼岸再回首，你会发现原来你所选择的是对的，而且通过彼岸的路是多条的。当岁月流逝与时光轮回都无处可寻时，你蓦然回首，会发现有一样东西藏在时光长剧的背后，这一折的回目便是：诚信。"这段文字正是化用了北宋诗人晏殊的《蝶恋花》"昨夜西风凋碧树，独上高楼，望尽天涯路"与南宋诗人辛弃疾的《青玉案·元夕》"众里寻他千百度，蓦然回首，那人却在，灯火阑珊处"的诗句使整个文段诗意盎然，深刻而富有感染力。用诗句还可以增加文句的意蕴。"文句有意蕴"，既不是要与明白晓畅相对立，也不能与艰深晦涩相等同，而是要追求一种"意在笔先，神余言外"的意境，要获得一种语近情遥、语简意丰、含吐不露、余音绕梁的表达效果，使人读后如品香茗，回味无穷。

常见失误

误区一：词不达意，不知所云

言不达意则不能准确地表达中心思想，使读者如陷云海，不辨东西。难以实现议论文说理、明事的写作目的。

误区二：辞不符实、不合逻辑

有些语句，看着似乎流畅，语法结构也没有什么毛病，但却不符合情理。这样的表达在议论文写作中也是要不得的。如："今天夜空璀璨，月儿如玉盘一般与群星争辉。"月明星稀是自然常识，这很明显不符合实际。又如有篇作文这样写："绚丽的朝霞染红了半边天，万里长空没有一丝云彩"。这句话没有语病，但"朝霞"也是"云彩"，所以这样的描写是不合乎逻辑的。

导师名作

臧克家是一位著名的诗人。他的文章，用字凝练，讲求文采，这样的语言已经具备了诗意美的基础。他的这篇《伟大与渺小》，虽然时代相隔甚远，但仍能引发人的思考和诸多的共鸣。

伟大与渺小

臧克家

我们有太多的伟人。写在历史上的被渲染过的，不必说他们了；和我们同时代，向我们显示伟大的，已经够数了。这些人，凭了个人的阴谋机诈、凭了阴险与残酷，只要抓住一个机会使自己向高处爬一级，他是决不放弃这个机会的，至于牺牲个人的天良与别人的利害甚至生命，他毫不顾惜。这些伟人的伟大，是用个人的人性去换来的，是踏在人民大众的骨骸上升高起来的。当他站得高、显得伟大的时候，一般有肉没有骨头，有躯壳没灵魂的人中狗，便成群的蜷伏在他脚下，仰起头来望望他，便"伟大呵，伟大呵"的乱叫一阵子，当别人靠近他的时候，它们便猖猖狂吠起来，在壮主子的声威之余，自己仿佛也有威可畏了。这些伟人与臣侯是相依为命，狼狈为奸的。主子为了获取权势的兔，是不能没有走狗的，在走狗的瞳孔里，主子的尊容也许并非那样庄严，然而在他们口里又是另一回事了。为了一块骨头，它们出卖了自己。

"王侯将相"的种子，已不能在新时代的气流中生长了，当大势已去，伟人不得不从半空里扔在实地上、民众前的时候，难怪希特勒自杀，而且自杀前还有疯狂的传说。被别人蒙在鼓里，

第1段，直截了当讽刺了那些在历史上的被渲染过的或和"我们"同时代，向人们显示伟大的所谓的"伟人"。揭露他们凭阴谋机诈、阴险与残酷，踏在人民的骨骸上，为了所谓伟大而丧失人性出卖自我的人与行为。

（1）以第1段为例，说明本文的语言有何特色？

第2段，通过希特勒、墨索里尼、佛朗哥，引出作者的观点。

或被自己的野心蒙在鼓里，一旦鼓被敲破了，四面楚歌，他这才明白了，可是已经晚了。个人英雄也就是悲剧英雄。希特勒、墨索里尼已成过去了，他们的死法是多么有力的标语，佛朗哥，以及佛朗哥的弟兄们，读一读它吧！

和伟大相反，我喜欢渺小，我想提倡一种渺小主义。

第3段，作者提出主张"渺小主义"的观点。

我说的渺小是最本色的，最真的，最人性的，是恰恰反乎上面所说的那样的伟大的。一颗星星，它没有名字却有光，有温暖，一颗又一颗，整个夜空都为之灿烂了。谁也不掩盖谁，谁也不妨碍别人的存在，相反的，彼此互相辉映，每一个是集体中的一分子。

第4段，诠释自己提倡的"渺小"是最本色的，最真的，最人性的。

满腹经纶的学者，不要向人民夸示你们的渊博吧，在这一方面你不是能手，因你有福、有闲、有钱，你对于锄头拿得动、使得熟吗？在别人的本领之前，你显示自己的渺小吧。用你的精神的食粮去换五谷吧。

第5、6段，从满腹经纶的学者，不必向人民夸示渊博；发号施令的政治家、将军们要想想农民手下的锄头入手，论述了人类的集体是伟大的而个人是相对渺小的。

发号施令的政治家，你们也能操纵斧柄如同操纵政柄吗？将军们，不要只记住自己的一个命令可以生杀多少人，也要想想农民手下的锄头，可以生多少禾苗，死多少野草呵。当个人从大众中孤立起来，而以自己的所长傲别人所短，他自觉是高人一头；把自己看做群众里面的一个，以别人的所长比自己的所短时，便觉得自己是渺小，人类的集体是伟大。我常常想，不亲自站在群众的队伍里面是比不出自己高低的；我常常想，站在大洋的边岸上向远处放眼的时候，站在喜马拉雅山脚下向上抬头的时候，才会觉得自己的渺小。

因此，我爱大海，也爱一条潺潺的溪流；我爱高山，也爱一个土丘；我爱林木的微响，也爱

第7段，比喻手法，说明伟大与渺小同样可爱。

(2)结合第7段思考：文章的语言有什么特色？

第8段，进一步诠释了"渺小"是自大、狂妄、野心、残害的消毒药，让人要看集体重于个人。

第9段，论证了"渺小"扩大到极致的时候，人人都可成为英雄。

第10、11段，强化观点，作者坚信"这世纪，是渺小的人民觉醒的世纪；这世纪，是新英雄产生的世纪"。

一缕炊烟；我爱孩子的眼睛，我爱无名的群众，我也爱将军虎帐夜谈兵——如果他没有忘记他是个人。

我说的渺小是通到新英雄主义的一个起点。渺小是要把人列在一列平等的线上，渺小是自大、狂妄、野心、残害的消毒药，渺小是把人还原成人，是叫人看集体重于个人。当一个人为了群众，为了民族和国家，发挥了自己最大可能的力量，他便成为人民的英雄——新的英雄，这种英雄，不是为了自己，而是牺牲了自己，他头顶的光圈，是从人格和鲜血中放射出来的。

人人都渺小，然而当把渺小扩大到极致的时候，人人都可以成为英雄——新的英雄。

这世纪，是旧式的看上去伟大的伟人倒下去的世纪；这世纪，是渺小的人民觉醒的世纪；这世纪，是新英雄产生的世纪。

我如此说，如此相信。

1945年

（本文有删改）

名作赏析

本文阐述的道理与作者写的诗《有的人》的主题是一致的。文章在总体结构上采用的是正反对比式。在论述所谓的"伟大"时，采用的是递进式：先说"伟大"的人之所以"伟大"的种种表现，进而阐述随着新时代的到来，这些"伟人"将会成为过去。在论述"渺小"时，采用的是递进式：先说什么是"渺小"，再举例论证什么是"以别人的所长比自己的所短时，便觉得自己是渺小"，进而阐述了"渺小是通到新英雄主义的一个起点"，渺小的人民能成为新的英雄的道理。这样写来议论就有条有理，令人信服。

作者是诗人，所以在语言的运用上很有特色。第一段中对那些所谓的"伟大"之人的描述细致鲜活如在眼前。对他们的丑态，满含嘲讽，如"主子为了获取权势的兔，是不能没有走狗的，在走狗的瞳孔里，主子的尊容也许并非那样庄严，然而在他们口里又是另一回事了。为了一块骨头，它们出卖了自己"，语言辛辣，批判色彩彩浓厚。作者还使用了戏谑的语调，如"佛朗哥，以及佛朗哥的弟兄们，读一读它吧"，文章读来论述有力而鲜活生动。

　　另外，全文以短句为主，加上作者有意识地利用汉字平仄的变化与音韵的和谐等声律特点，形成了一种抑扬顿挫的音律美。如："我爱大海，也爱一条潺潺的溪流；我爱高山，也爱一个土丘；我爱林木的微响，也爱一缕炊烟；我爱孩子的眼睛，我爱无名的群众，我也爱将军虎帐夜谈兵——如果他没有忘记他是个人。"

　　修辞的使用与化抽象为具体的论说方式使得整篇文章更加通俗形象。如在论述"渺小是最本色的，最真的，最人性的"时，作者用诗一样的语言将抽象的论述形象而富于美感："是恰恰反乎上面所说的那样的伟大的。一颗星星，它没有名字却有光，有温暖，一颗又一颗，整个夜空都为之灿烂了。谁也不掩盖谁，谁也不妨碍别人的存在，相反的，彼此互相辉映，每一个是集体中的一分子。"

执守规范唯有静,不宜混沌做文章
——跟胡绳学写规范的议论文

导师简介

胡绳(1918—2000),江苏苏州人,笔名蒲韧、卜人等,中国当代著名的马克思主义理论家、哲学家、历史学家。早年曾就读于北京大学哲学系。1936年在上海参加爱国救亡运动,20世纪40年代担任《读书月报》主编,中华人民共和国成立后历任《红旗》杂志社副总编、中共党史研究室主任、中国社会科学院院长、中国历史学会会长等职。胡绳早年从事哲学的普及工作,曾发表哲学通俗读物《新哲学的人生观》等,以后一直从事哲学、历史、文化思想方面的研究。主要著作有《思想方法》《理性与自由》《历史与现实》《枣下论丛》《怎样搞通思想方法》《二千年间》等。

写作指导

这里讲的规范包含两重含义,首先是文体规范,其次是书写规范。在实际写作中,两者缺一不可。

议论文,就是议论说理的文章,是一种以议论为主要表达方式的文体,具有很明显的文体特征。它主要是阐述观点、表达看法,包括说理散文、随笔、杂文、生活评论等,以阐述事理为主,多由论点、论据、论证三部分组成。结构多按照提出问题、分析问题、解决问题的思路来安排。议论文以抽象思维为主。抽象思维具有概括性、严密性,思维的起点是要领,通过分析、综合、判断、推理,达到规律性的认识。当然在具体的写作中，论据是为说理服务的，应该尽量简洁，不可用细致的叙述甚至描写冲淡说理。议论文是现实生活中应用最广泛、考场最常见的一种文体，也是几种常见文体中写作难度最大的一种。写议论文，要着眼于"议"，但不能"只叙不议"或"以叙代议"，缺乏对故事的深入开掘，没有鞭辟入里的议论，都是不可以的。因此，要想写出规范的议论文要注意两个方面：要有议论文文体意识；注意正确处理叙议关系。

一、要有议论文文体意识

所谓文体意识就是写作议论文时，要注意议论文的基本要素与特征。议论文的三要素是指论点、论据和论证。一篇文章的论点，可以是一个，也可以不止一个。如果论点不止一个，那就需要明确中心论点。这几个论点可以是并列的，也可以是递进的，但它们都应该服从全文的中心论点。论据是证明论点正确的证据。论据通常有事实论据（如现实事件、历史事实、统计材料、具体数字等）、理论论据（如人们公认的原理、公式、定义、法则、规律、名言警句等）。论证是指运用证据阐释证明论点是正确的过程。常见的论证方法主要有举例论证、引用论证、比喻论证、对比论证等。

二、注意正确处理叙议关系

在议论过程中要注意论点与论据的完美结合，也就是说事例的列举是围绕观点而展开的，事例出现的唯一目的是为了论证观点。并且要避免论据加事例的简单组合，而要在事例与论点之间添加一条分析的链条，这样才能保证事例运用恰当、论述严密。

反之，论点和论据之间互相脱离，两者之间缺乏必要的联系的桥梁，论点还是论点，论据还是论据；论据失去了其应有的作用，论点孤立无援，也就失去了立足的依据。这种"不讲道理"的议论文，论点无论怎样正确，也不足以服人；论据无论怎样充足，也不过是一堆零碎的材料。

另外，论据的叙述不可太长，这样有可能会淹没观点，甚至会弱化文体特征，写出四不像的文章。一定要注意不能让记叙成为段落当中的主要内容，更不要让成为文章中的主要内容。一般来讲，议论文当中什么时候用到记叙，就是谈到这个人物的事迹的时候用到一点记叙。议论文当中的记叙主要是点到为止，我们要用这样的人做的这样的事情证明我们的论点，所以议论文当中大段的记叙一定要避免。

例如，"生活需要发现。太白漫有惊人句，夜光杯里诗成仙！可惜，天生不羁世难容！恰似金玉蒙尘不得用。悲兮，叹兮……太白确实有才，他可邀月同影成三人，亦可放浪散发弄扁舟，但他缺乏一位伯乐，缺少能赏识他的君主！玄宗此刻早已在温柔乡里夜夜笙歌，又岂会理会太白这位小小的翰林待诏？或许，我们可以说庙堂如池不容龙，枉负才思如泉涌；又或许，我们能愤慨大道渺渺鹏兮扶摇上，却不见云霓拨开有帝阍！但太白并未被遗忘，因此，他的才华他的豪情早已在历史的笔触下持久绵密地绚烂！而如今，我亦在顶礼膜拜这些宛若来自九天之外诗调婉转着丰腴的梦想，难诉的悲怆在历史的盘桓中浓郁！"这个文段观点很明确，为"生活需要发现"，但是后面冗长的叙述喧宾夺主淹没了核心观点，让读者感觉不知多云。所以，在处理事例的叙述时一定要注意详略得当的问题。

考场作文不仅要考量文体、立意、语言、结构，书面也是一个非常重要的方面。书写是文章的外在表现形式，是作文给予读者的整体视觉形象，正如人的容貌一样，给人的印象是至关重要的。所谓规范的书写，一般包括这样几个方面：一是文字书写；二是标点符号规范使用；三是行文格式，要求文章标题书写位置得当，段落、层次清楚；四是对字、词、句的修改，要规范地使用修改符号，保持卷面整洁，不乱涂乱画。

具体而言，字迹要工整、美观，尽量避免写错别字。当然，在写作时出现病句和错别字，需要对文稿进行修正也难避免。此时不能在卷面上乱画，一般情况要用笔轻轻地画上一道勾去，既不影响卷面整洁，又不影响文章的内容。同时也要注意题目中的字数要求，不可太少也不必过多。

标点符号规范包括三层含义：第一，不用错。就是根据句子的语气、语调和用法规定，该用什么标点就用什么标点，不能乱用。比如，不能把该用句号的地方用作逗号，把该用问号的地方用作叹号等。第二，位置写对。标点符号的位置有着特殊的规定。逗号、句号、冒号、顿号、分号等要写在方格的左下角；问号、叹号、后书名号、后小括号等要写在方格的左半部分；前书名号、前小括号要写在方格的右半部分；双引号、单引号要分别写在方格的右上角和左上角；省略号、破折号要占两格，写在中间位置。还要注意一些特殊情况，每一行的开头一格不能用逗号、句号、冒号、分号、叹号、问号、破折号、后引号、后小括号、后书名号等，要把它们写在上一行的最后一个格的外面；每一行的最后一格不能用前书名号、前小括号、前引号等，要把它们写在下一个格相应的位置。第三，书写规范。比如，不能把句号写成小黑点，把逗号写得很长等。标点符号是一篇作文不可分割的重要组成部分，马虎不得。

常见失误

误区一：文体不明，以叙代论
在议论文写作中要避免"以叙代议"，要叙论结合，议论为纲。

误区二：事例堆砌，缺乏分析
这种观点加材料、结构松散、思路混乱的文章，根本就无法把论点与论据联系起来进行必要的分析说理。

误区三：前后脱节，偏离主题
写作时不能很好地围绕中心论点展开论述，容易产生思维偏离。

导师名作

　　这是一篇论说思想修养方面的小短文。标题（想和做）是一个并列短语，提出了人类活动中密切相关的两个方面，启发读者去思考两者之间的关系。文章围绕着想和做的辩证统一关系展开议论，说明了两者如何有机结合的道理。

想和做

胡　绳

　　有些人只会空想，不会做事。他们凭空想了许多念头，滔滔不绝地说了许多空话，可是从来没认真做过一件事。

　　也有些人只顾做事，不动脑筋。他们一天忙到晚，做他们一向做惯的或者别人要他们做的事。他们做事的方法只是根据自己的习惯，或者别人

（1）本文的标题"想和做"有什么特点？

第1、2段：概述两种人的表现，一种是"只会空想"，"从来没认真做过一件事"；另一种是"只顾做事，不动脑筋"，只会"依葫芦画瓢"，照样做去。

第3、4段：对这两种人进行评价。对"空想"的人，说他们是"空想家"；对"死做"的人，说他们"跟牛马一样"。

第5段：总结上文，提出中心论点"想和做是分不开的，一定要联结起来"。

（2）"只会空想，不会做事"的人有什么具体表现？试举例说明。

的命令，或者一般人的通例。自己一向这样做，别人要他们这样做，一般人都这样做，他们就"依葫芦画瓢"，照样做去。到底为什么要做这件事，为什么要这样做，有没有更好的办法，他们从来不想一想。

我们瞧不起前一种人，说他们是"空想家"，可是往往赞美后一种人，说他们能够"埋头苦干"。能够苦干固然是好的，但是只顾埋着头，不肯动动脑筋来想想自己做的事，其实并不值得赞美。

这种埋头做事不动脑筋的人简直是——说得不客气一点——跟牛马一样。拉磨的牛成年累月地在鞭子下绕着石磨转，永远不会想一想为什么要做这件事，为什么要这样做，有没有更好的办法。能够这样想的只有人。人在劳动中不断地动脑筋，想办法，才清清楚楚地知道自己做这件事为什么目的，有什么意义，有什么缺点，才渐渐想出节省劳力、提高效率的方法。人类能够这样劳动，能够一面做，一面想，所以人类文化能够不断地进步。要不，今天的人类就只能像几万年以前的人类一样，过着最原始最简单的生活了。

一事不做，凭空设想，那是"空想"。不动脑筋，埋头苦干，那是"死做"。无论什么事情，工作也好，学习也好，"空想"和"死做"都不会得到进步。想和做是分不开的，一定要联结起来。

想和做怎样才能够联结起来呢？我们常常听说"从实际出发"这句话，这就是想和做联结起来的一条路。想的时候要从实际出发，就不能"空想"，必须去接近实际。怎样才能接近实际？当然要观察。光靠观察还不够，还得有行动。举个例子来说，人怎样学会游泳的呢？光靠观察各种物体在水中浮沉的现象，光靠观察鱼类和水禽类的动作，那是不够的；一定要自己跳下水去试验，一次，两次，十次，几十次地试验，才学会了游泳。如果只站在水边，先是一阵子呆看，再发一阵子空想，即使能够想出一大堆"道理"来，自己还是不会游泳，对于别的游泳的人也没有好处。这样空想出来的"道理"其实并不算什么道理。真正的道理是在行动中取得的经验，再根据经验想出来的。而且想出来的道理到底对不对，还得拿行动来证明：行得通的就是对的，行不通的就是错的。

一面做，一面想。做，要靠想来指导；想，要靠做来证明。想和做是紧密地联结在一起的。

在学校里，有些同学很"用功"，可是不会用思想。他们学习语文，就硬读课文。因为只读不想，同一个语言文字上的道理，在这一课里老师讲明白了，出现在别一课里，他们又不理解了。他们学习数学，就硬记公式。因为只记不想，用这个公式算出了一道题，碰到同类的第二道题就又不会算了。从旧经验里得到的道理，不能应用在新事物上，这就是不会用思想的缘故。另外也有些同学，他们能想出些省力的有效的方法，拿来记住动植物的分类，弄清历史的年代。我们固然不赞成为了应付考试想出一些投机取巧的办法；但是我们承认，在学习各种功课和训练记忆力上，是可以有一些比较省力的有效的方法的。这些方法也得从学习的经验中取得。假如只是埋头苦读，不动脑筋想一想，那就得不到。除了学习功课以外，做种种课外活动，也要把想和做联结起来。例如开会，演说，办墙报，组织班会和学术团体，这些实际的行动，如果光凭一腔热情，埋头苦干，不根据已有的成绩和经验，想想怎样才能把这些事情做得更好，更有效果，那么，结果常常会劳而无功。

> 第8段：列举了有些同学很"用功"可是不会用思想与有些同学能想出些省力的有效的方法学习两个例子，正反两方面论述了想和做的辩证关系。

第9段：总结全文，提出无论什么人，都应该抽点功夫来想一想，并将想和做联系到一起，只有这样才能不断进步。

（3）文章是怎样提出中心论点的？

无论什么人，不管他怎样忙，应该抽点功夫来想一想。想什么？想他自己做过的事，想自己做事得到的经验。这样，他脑子里所有的就不是空想，他的行动也就可以不断地得到进步。

名作赏析

  这是一篇典型的议论文。作者能从生活中发现问题，提出论点并用事实加以论证，说理脉络清晰，结构严谨；5段、6段第一句、7段、9段起到了缩结、缝合、引领、收束等作用，结构完整。全文围绕想和做的关系问题展开议论，中心论点是"想和做是分不开的，一定要联结起来"。前5段论述为什么一定要把想和做联结起来，说理脉络是：摆事实—作分析—提论点。开头就摆出"只会空想，不会做事"和"只顾做事，不动脑筋"这两种表现。第3段对两种表现作概括评价，着重指出第二种表现不值得赞美。第4段作深入分析，先用牛马拉磨作比，论述了"只顾埋着头，不肯动脑筋来想想自己做的事情"这种表现的可怜、可悲。再作分析：正因为人类能够一面做，一面想，人类文化才能不断地进步。至此，想和做的关系已经阐述得清清楚楚。第5段自然而然地归纳出了本文的中心论点。

  "想和做怎样才能够联结起来呢？"标志着议论的深入。这部分的说理脉络是：先着重论述怎样避免"空想"，再着重论述怎样避免"死做"。接着作者举学游泳的例子，边举例边分析：从正面分析，要观察，还要有行动，跳下水去实践；从反面分析，如果只是先一阵子呆看，再发一阵子空想，即使想出一大堆"道理"也学不会游泳。"一面做，一面想。做，要靠想来指导；想，要靠做来证明。想和做是紧密地联结在一起的。"这段话既是对上面论述的归结，又是对下一层论述的开启。

  最后一段是全文的总结。作者不是对上面的内容作简单的归结，而是强调"无论什么人，不管他怎样忙，应该抽点功夫来想一想"的重要性。

参考答案

吴晗《谈骨气》

（1）请解释"富贵不能淫，贫贱不能移，威武不能屈"中加线字的含义。

参考答案：

富贵不能淫：富贵了不能骄纵。淫，骄纵

贫贱不能移：贫贱不能改变自己的志向。移：改变。

威武不能屈：威武不能使他屈服。屈，屈服，这里是使动用法。

（2）这段议论有什么作用？

参考答案：把"有骨气"上升到民族传统精神的高度来议论，使中心论点具有不可辩驳、锐不可当的气势。

（3）从第4段看，作者采用什么方法论证？

参考答案：选用典型事例，通过摆事实的方法，从不同角度证明中心论点"我们中国人是有骨气的"。

（4）第5段举了什么事例？具体说明第5段的表现手法。

参考答案：举了文天祥的事例。

采用夹叙夹议的表现手法。先简述事实：在元军破城攻入的危急关头，南宋丞相文天祥率众坚决抵抗；不幸战败被俘，文天祥大义凛然，忠贞不贰，写下"人生自古谁无死，留取丹心照汗青"的诗句对待敌人的劝降。一个民族英雄的形象跃然纸上。诗句之后，作者紧接引发了关于"人总是要死的，就看怎样死法"的议论，自问自答。这是作者对人生价值的阐释，是对文天祥"丹心一片，永垂青史"的赞颂，是对读者的启发和引导。由于作者及时穿插了议论，并恰当地运用了设问句式，使文章的语言论辩性更强，极富说服力。最后讲述了故事的结局：文天祥在阴湿的地牢里，受尽折磨，坚决拒绝高官厚禄的收买，慷慨就义。这一段语言平实、简洁，语气沉稳，语意直白，感情充沛，观点鲜明，论证有力。

（5）作者在这一段是怎样论证的？

参考答案：先简述故事的梗概：中国古代一个穷人宁愿饿死也决不吃嗟来之食。然后予以论证。论证过程分三步完成：首先，稍加评论：这则故事"很有名，传说了千百年，也是有积极意义的"。接着进行分析：为什么那位穷人不肯吃嗟来之食？第一，看别人的脸色吃舍来的饭，"这个味道是不好受的"；第二，"吃他的饭就要替他办事"。最后阐明观点"那位穷人是有骨气的"。

（6）作者在这段举了谁的什么事例？这段论证有什么特点？

参考答案：作者引述了中国近代史上著名的民主战士闻一多先生的事迹，一个"威武不能屈"的典型实例。

这段用作论据的内容包括两部分：一部分是事实论据——闻一多的动人事迹；另一部分是理论依据——毛泽东同志的评论。而作者的评论只有段末最后一句话。这段的论证采用了先叙后议，以叙为主的方法。在叙述中又用了倒叙的顺序。先叙结果："民主战士闻一多是在1946年7月15日被国民党枪杀的。"再叙面对国民党的暗杀，面对死亡时闻一多的英雄气概："毫不在乎，照常工作，而且更加努力"，"大声疾呼，痛斥国民党特务"，坚信"人民民主一定得到胜利"。这样安排材料的顺序，可以使论据本身说服力更强，文章更具感染力。叙述事实之后，作者直接引用毛泽东主席的论述作为依据："闻一多拍案而起，横眉怒对国民党的手枪，宁可倒下去，不愿屈服。"在议论文中，恰当地引用领袖的言论来证明论点，往往可以收到"出奇制胜"的效果。

（7）这段结尾部分总共有两句话。请解释两句话的含义并说明其作用。

参考答案：第1句话再次重复强调孟子两千多年前的话，至今"还有它积极的意义"，提倡"古为今用"。这句话既是总结性的，又分别与前文一一照应，贯彻始终，使全篇结构严谨，一脉相承。

第2句从现实出发，阐明什么是我们无产阶级的英雄气概、无产阶级的骨气："这就是决不向任何困难低头。"结尾句表明信念："为了社会主义、共产主义建设的胜利，我们一定能够克服任何困难，奋勇前进！"

结尾部分体现了作者的写作宗旨：以"古为今用"的态度，学习前辈的英雄气概，弘扬中华民族的传统精神；以大无畏的斗争勇气，战胜一切困难，推动时代车轮奋勇前进！

周先慎《简笔与繁笔》

（1）解释画线词语。

参考答案：

言简意赅：话不多，但意思都有了。形容说话写文章简明扼要。赅，完备。

穷形尽相：原指描写刻画十分细致生动，现在也用来指丑态毕露。

（2）什么是简笔？什么是繁笔？作者针对简笔和繁笔提出了什么观点？

参考答案："简笔"不是单纯指"文字少"，而且"简笔"可分为"言简意赅"与"言简意少"两种情况。"繁笔"也不是单纯的"文字多"，它也分为"以繁胜简"与"繁冗拖沓"两种情况。作者针对简笔和繁笔提出了"简笔与繁笔，各得其宜，各尽其妙"的观点。

（3）解释画线词语。

参考答案：

索然寡味：毫无意味或毫无兴致的样子。

焦躁不安：焦急烦躁，心神不定。

（4）第2—4段运用了什么论证方法？

参考答案：用例证法鲜明、准确地论证文章开头所提出的论点。选取《水浒传》《社戏》中的典型例子为论据，证明文章应繁简适宜。

（5）作者所说的繁简适当的标准和途径是什么？

参考答案：标准是"无可削，不得减"。途径是提炼，即对生活的提炼，对艺术手法和语言表达的提炼。

（6）指出本段的论证方法。

参考答案：运用引证法，论述了怎样才能做到繁简得当。引用刘勰、顾炎武的评论，增强了文章的说服力，深化了文章的内容。

（7）"背着一块石板在剧场里看戏"一句运用了什么修辞手法？

参考答案：运用了比喻。生动形象地写出了读拖沓累赘的文章时那种吃力、头疼的感觉。

钱钟书《论快乐》

（1）为加线字注音。

参考答案：

跛：bǒ

似的：shì de

沉闷：chén mèn

（2）第1段引用哪些材料论证说明自己的观点？

参考答案：《西游记》里孙行者的"天上一天，下界一年"。《酉阳杂俎》里"鬼言三年，人间三日"。《广异记》里"五下是人间五百下"。

（3）第3段中作者多处运用比喻手法论证。请找出两处并说明这样写的好处。

参考答案：①"快乐在人生里，好比引诱小孩子吃药的方糖，更像跑狗场里引诱狗赛跑的电兔子。"

用"引诱小孩子吃药的方糖"和"跑狗场里引诱狗赛跑的电兔子"来比喻快乐对人生的诱惑作用，体现出对世事的达观、洞悉，形象鲜明，意蕴深刻。

②"快乐的引诱，不仅像电兔子和方糖，使我们忍受了人生，而且仿佛钓钩上的鱼饵，竟使我们甘心去死。"

快乐的希望就好像"鱼饵"，而我们就好像明知钓钩有危险仍偏要去抢食饵料的鱼儿一般。人活一世，虽然痛苦，却不悲观，因为可以始终抱着快乐的希望——死后有个天堂在等待我们。后面作者说"为了快活，我们甚至于愿意慢死"。这里的比喻体现出一种高卓的智慧，表达了作者对人生面对快乐的诱惑而无怨无悔的揶揄和嘲讽。

（4）请赏析"那时刻的灵魂，仿佛害病的眼怕见阳光，撕去皮的伤口怕接触空气，虽然空气和阳光都是好东西"一句。

参考答案：这里用"害病的眼怕见阳光，撕去皮的伤口怕接触空气"来比喻内心的痛苦，说明一切快乐的享受都属于精神的，尽管快乐的原因是肉体上的物质刺激的道理。透着灵性，寓意深刻，而又深入浅出，耐人寻味。

（5）为加线字注音。

参考答案：

缘故：yuán gù

混沌：hùn dùn

（6）解释下列词语。

参考答案：

愧怍：惭愧。

心安理得：自以为做的事情合乎道理，心里很坦然。得，适合。

（7）请赏析"精神的炼金术能使肉体痛苦都变成快乐的资料"一句。

参考答案：人生常常遭遇痛苦，但精神却可以改变它，使人乐观，使人能够苦中作乐。这时，精神就变成了炼金术，肉体的痛苦就可以变成精神上的快乐。这里的比喻寓意深刻而又浅显易懂，体现出作者广博的知识、敏捷的思维。

（8）第5段运用了哪些论据，请列举出来。

参考答案：从所罗门到马拉梅，苏东坡诗，王丹麓的《今世说》，诺凡利斯的《碎金集》，罗登巴煦的《禁锢的生活》。

宗白华《学者的态度与精神》

（1）古印度学者辩论的态度是怎样的？

参考答案：当未辩论以前，那辩论者往往宣言："若辩论败了，就自杀以报，或皈依做弟子。"辩论之后，那辩论败的不是立刻自杀，就是立刻皈依做弟子。决不作强辩，决不作遁词，更没有无理的谩骂，话出题外，另生枝词的现象。

（2）第5段谈欧洲中古学者的精神时，提到"中国学者"有什么作用。请加以分析。

参考答案：第5段通过对比证明了"什么是真正的学者的精神"，也说明了中国学者缺失"真正的学者精神"，为文末中心论点的提出提供了论据。

（3）梳理本文的论证结构。

参考答案：提出问题：我佩服古印度学者的态度和欧洲中古学者的精神。分析问题：古印度学者的态度和欧洲中古学者的精神是怎样的。解决问题：指出学者的责任和对中国学者的要求。

吕叔湘《错字小议》

（1）作者在提出问题时有什么特点？

参考答案：用一句话指出错字的严重程度："天天看见错字"，不仅是质量问题，而且反映了一个民族的文化水平和有关人员、有关部门思想作风上的问题。——开门见山，直截了当，清楚明确。

（2）第2段中作者列举了错字来源的哪几种情况？

参考答案：作者笔误；排字误认；排校错误；编辑改错。

（3）解释画线词语。

参考答案：

利害：利益和损害。

厉害：难以对付或忍受；剧烈。

（4）第3段"错字造成阅读上的困难"这句话，概括力极强，一直管到下文哪一段？作者列举了哪些类型的错字？（填到括号里）

参考答案：管到倒数第5段"果然不是'当'字而是'常'字"。

第一类：（一望而知）的错字。

第二类：（形近、音近）造成的错误。

第三类：（引用古籍疏忽）造成的错误。

第四类：（造成与原意不符）的错字。

第五类：（令人难以发现和辨别）的错误。

第六类：（正误共处令人诧异）的错误。

第七类：（校勘中发现）的错误。

（5）作者为什么要补记这一例？

参考答案：

① 因为错得够意思（严重）。

② 这些问题未引起有关人员重视，错误正在继续，且更加严重。

刘心武《起点之美》

（1）作者这样开头有什么妙处？

参考答案：作者开篇点明运动场上的起点之美，"是人类进取突破的希望"，转而自然过渡到"生活中的起点"，由现实生活中运动员起跑的场景引出中心论点，紧扣生活，娓娓道来，自然贴切，极富亲切感，易于读者接受。

（2）作者由现实生活中运动员起跑的场景引出中心论点。这样写有什么好处？

参考答案：紧扣生活，娓娓道来，自然贴切，极富亲切感，易于读者接受。

（3）请赏析"人生的终极点只有一个，然而起点却有许多"这句话。

参考答案：同是跑步，不同的人站在不同的道上，自己选择自己的起点（或是由比赛设定，自己走到相应位置），起点不同，但却都向那个终点而去。本句看似在写运动员比赛，但却能由此及彼，由运动场上的起点写到生活中的起点，辐射面很广。此句之后的文字，作者正是因此而展开去写的。这样写，使得内容丰实饱满。

（4）解释画线词语。

参考答案：

砸锅：这是一个方言词。比喻办事失败。

（5）请赏析"对于人生来说，终点固然诱人，起点更弥足珍贵"这句话。

参考答案：此句引人深思，耐人寻味，富有哲理。在人生之路上，并不是每一个人都能完美地到达终点的，有胜利者必然有失意者。人的一生应该有多个终点组合而成才对，一时的终点上的失美，并不是什么不得了的事。可怕的是寻找不到新的起跑线，失去了在"预备——"声中振作起来的力与美。

孙犁《好的语言和坏的语言》

（1）第 1 自然段是说明语言在文学作品中的地位的，请用一句话加以概括。（不超过 20 个字）

参考答案：语言是表现思想、创造形象的最基本工具。

（2）阅读第 2 段，思考：作者把文学家的语言与画家的颜色相比，有什么作用？两者有什么相似之处？

参考答案：作者把文学家的语言与画家的颜色相比，浅近，明白，形象，把抽象的"语言"具体比、形象化，使读者印象更深刻。

两者相似之处在于：语言与颜色一样丰富多彩，会正确调色，就能画出五光十色的画；能正确运用语言，就能写出优秀的作品表现人生、时代。

（3）第 2、3 段运用了什么论证方法？

参考答案：运用了正反对比的论证方法。把掌握了调配颜色技巧的人、掌握了正确使用语言的人与不会调配颜色的人、语言贫乏的人作对比，鲜明有力。

（4）第 4、5 段举了哪些例子论证好的语言能引人入胜？这些例子有什么特点？

参考答案：①古书上记载的佛教里的和尚讲经的故事；②作者小时候读《西游记》的故事。

这些例子生动形象、通俗易懂地论证了好的语言能引人入胜。

（5）第 7 自然段说"初学写作的同志们，练习语言，应该像缝工初学用针，木匠初学运斧"，练习语言与"用针""运斧"有何相同之处？

参考答案：缝工初学用针、木匠初学运斧，都必须亲自实践，练习语言也是一样。

（6）第四部分，作者在论及初学写作者应该怎样练习语言时，用了哪些贴切的比喻？

参考答案：15 段当作者论及语言工作对文学工作的重要性时，用了"如同一个忠实勤朴的农夫对土地的加工，种植对于人生有益的禾苗，锄刈那妨碍禾苗的生长的莠草……茂密起来"这个比喻。

16 段当作者论及写作者应选择明确朴素的、简洁浮雕的语言时，用了"也如同农民选择好的种子，那样他才有希望使禾苗丰收"这个比喻。

这些比喻典型、贴切，不但能恰切地论证作者的论点，还具有形象美和意境美。

（7）结合全文，用自己的话总结什么是好的语言，什么是坏的语言。

参考答案：简洁明确朴素而内涵丰富纯粹的语言是好的语言；干燥无味没有个性的语言是坏的语言。

朱自清《论诚意》

（1）将"盖了棺才能论定人"写成四字成语，并解释其意思。

参考答案：盖棺论定。

盖上棺材盖，才能下结论。人死后对其一生是非功过作出评价。论定，下结论。

（2）文章说"一般人似乎将品性和态度混为一谈"，请找出这样说的例证。

参考答案：

①年轻人看社会上的人和事，除了他们自己以外差不多尽是虚伪的。

②老先生们开口闭口说"人心不古，世风日下"。

③有些人觉得客气太拘形迹，不见真心，不是诚恳的态度。

④有人说，看人，请客，送礼，也都是些过场。只是虚伪的俗套，无聊的玩意儿。

（3）解释下列词语。

参考答案：

人心不古：旧时指人心奸诈、刻薄，没有古人淳厚。古，指古代的社会风尚。

世风日下：指社会风气日趋败坏。"世风日下"与"人心不古"齐用，慨叹社会上读书人气质变坏，有失淳朴善良。世风，社会风气。日下，一天不如一天。

卑之无甚高论：《汉书·张释之传》："释之既朝毕，因前言便宜事。文帝曰：'卑之，毋甚高论，令今可行也。'"本谓要多谈当前可行的事，不要妄发过高的空论。后用来表示见解一般，没有什么高明的议论。

老气横秋：老气指老年人的气派，形容老练而自负的神态。现在形容自高自大，摆老资格。也形容缺乏朝气。横，充满。

（4）如何理解"客气要大方，合身份，不然就是诚意太多；诚意太多，诚意就太贱了"在文中的含义？

参考答案："大方""合身份""贱"意思分别是"适度""得体""降低价值"。这句话意在说明客气是一种诚意，但客气要适度、得体，否则就降低了诚意的价值。

（5）作者认为"诚伪是品性，却又是态度"，"态度不一定反映出品性来；一个诚实的朋友到了不得已的时候，也会撒个谎什么的"，请结合全文，分析作者持论的思维方式和态度。

参考答案：辩证思维（对比思维）。作者首先正面提出诚伪是品质，也是态度的观点，然后指出有诚意品性的人也会有撒谎的态度，进而批驳有人将品性和态度混为一谈的认识误区，进而指出诚意与诈伪都是人的品性，但出于处世或社交的需要，人们往往加减自己的诚意，这便是态度，品性与态度被辩证统一在诚伪之中。作者将正误观点对比分析，思维严谨，说服力强。

包容态度。作者认为，一个诚实的人，出于处世或社交的需要的撒谎，"有时可以原谅，有时甚至可以容许"，率性和客气都可以表示诚意，即使是"虚伪的俗套"其实"也是表示诚意的"，甚至连做戏也是诚意的一种表现。这些都体现了作者一颗宽容真诚的心。

杨绛《人生一世，为的是什么？》

（1）修德的普通人和有名气的人，他们在价值观的体现上有什么相同点？

参考答案：他们都是有信仰的人，并且在追求信仰的过程中修炼功德。

天地生人，人为万物之灵。神明的大自然，看重的该是人，不是物；不是人类创造的文明，而是创造人类文明的人。只有人类能懂得修炼自己，要求自身完善，这也该是人生的目的吧！

（2）选文中所举的弥尔顿和苏格拉底的事例，分别是为了证明什么？

参考答案：所举的英国大诗人弥尔顿的事例，是在证明在苦痛中完善自己，同样是功德。

所举的苏格拉底的事例，是在证明人活一世，有信仰，不苟且偷生，才算有意义、有价值的人生。

龙应台《中国人，你为什么不生气？》

（1）文章为什么以"中国人，你为什么不生气"为题？作者通过本文表达了怎样的观点？

参考答案："你为什么不生气"是贯穿全文的情感线索，以此为题既鲜明地点出题旨，又能提升文章的情感性；以此为题更便于作者情感的抒发，表达作者对中国人劣根性的一种忍无可忍的愤恨。并且第二人称的运用，缩短了文章与读者的距离，面对面地直接交流感情，获得共鸣，并使立场更鲜明坚定。作者通过本文呼吁人们看到损害公益、破坏环境的事情应当生气，不再沉默，不再逆来顺受，而是积极地行动起来，包括把自己的生气大声地向损害者、向社会、向执法机构说出来。

（2）文章以一则电视新闻开头，有什么作用？

参考答案：文章一开始以一则电视新闻点破题旨，引出下文。

（3）本文句式和用词口语色彩很强，极具感染力，请举出一例并进行分析。

参考答案：例如："若发觉警察与小贩有勾结……那更严重。这一团怒火应该往上烧，烧到警察肃清纪律为止，烧到摊贩离开你家为止。"连用三个"烧"字，痛快淋漓。

邓拓《三种诸葛亮》

（1）下面两个句子中"诸葛亮"的意思一样吗？请解释。

① 谈起诸葛亮，一般人对他大概都有好感。

② 我现在并不打算来谈论这些，而只想另外谈谈三种诸葛亮。

参考答案：两个"诸葛亮"不一样。①"谈起诸葛亮，一般人对他大概都有好感。"这句话指存在于人们设想中，并被人们当做先知先觉、多谋善析的历史人物。②"我现在并不打算来谈论这些，而只想另外谈谈三种诸葛亮。"这句指学习、效仿诸葛亮的后人。

（2）文中"带汁的诸葛亮"有哪些特点？请用自己的语言概括。

参考答案：① 爱模仿他人，实则无真才实学；② 高傲自负，使人难以亲近；③ 自以为是，遇到失败就消极落泪。

李大钊《今》

（1）如何理解第6段画线句子的含义？请结合你们正值青春年少的人生特点并引用恰当的名言警句简要回答。

参考答案：①"少年智则国智，少年富则国富，少年强则国强。"作为青少年的我们，一定要珍惜今天，善用今天，努力求学、修身，习得齐家、治国、平天下的本事，做一个于己于家于人于国有用的人。②"少壮不努力，老大徒伤悲"。③子曰："逝者如斯夫，不舍昼夜。"

（2）本文透辟地论述过去、现在、未来三者的辩证关系，意在告诉我们什么道理？

参考答案：立足现实，珍惜现在（"立足现在，创造未来""珍惜今天，把握当下"或"我们要珍爱今天"等）。

臧克家《伟大与渺小》

（1）以第1段为例，说明本文的语言有何特色？

参考答案：或辛辣讽刺，或形象生动，或情感浓烈，或满是戏谑。

作者是诗人，所以在语言的运用上很有特色。第一段中对那些所谓的"伟大"之人的描述细致鲜活如在眼前。对他们的丑态，满含嘲讽，如："主子为了获取权势的兔,是不能没有走狗的,在走狗的瞳孔里,主子的尊容也许并非那样庄严,然而在他们口里又是另一回事了。为了一块骨头,它们出卖了自己。"语言辛辣,批判色彩浓厚。间或作者使用了戏谑的语调,如"佛朗哥,以及佛朗哥的弟兄们,读一读它吧",文章读来论述有力而鲜活生动。

(2)结合第7段思考:文章的语言有什么特色?

参考答案:本段利用汉字平仄的变化与音韵的和谐等声律特点,形成一种抑扬顿挫的音律美。如:"我爱大海,也爱一条潺潺的溪流;我爱高山,也爱一个土丘;我爱林木的微响,也爱一缕炊烟;我爱孩子的眼睛,我爱无名的群众,我也爱将军虎帐夜谈兵——如果他没有忘记他是个人。"

胡绳《想和做》

(1)本文的标题"想和做"有什么特点?

参考答案:标题是一个并列短语,提出了人类活动中密切相关的两个方面,启发读者去思考两者的关系。

(2)"只会空想,不会做事"的人有什么具体表现?试举例说明。

参考答案:他们凭空想了许多念头,滔滔不绝地说了许多空话,可是从来没认真做过一件事。"空想"和"空话"是他们的特点。(举例略)

(3)文章是怎样提出中心论点的?

参考答案:文章针对一般人在生活中常会遇到的两个现象,概述"空想"和"死做"两种人的表现,对人们的错误认识进行评价并进一步阐明了理由,最后提出了中心论点。

古代经典议论文

论积贮疏

贾 谊

原文：

管子①曰："仓廪②实而知礼节。"民不足而可治者，自古及今，未之尝闻③。古之人曰："一夫④不耕，或受之饥；一女不织，或受之寒。"生之有时⑤而用之亡⑥度⑦，则物力必屈⑧。古之治天下，至孅⑨至悉⑩也，故其畜积足恃。今背本而趋末⑪，食者甚众，是天下之大残也；淫侈之俗⑫，日日以长，是天下之大贼⑬也。残贼公行，莫之或止；大命⑭将泛，莫之振救。生之者甚少，而靡⑮之者甚多，天下财产何得不蹶！

汉之为汉，几四十年矣，公私之积，犹可哀痛！失时⑯不雨，民且狼顾⑰；岁恶不入，请卖爵子，既闻耳矣。安有为天下阽危⑱者若是而上不惊者？世之有饥穰，天之行也，禹、汤被之矣。即⑲不幸有方二三千里之旱，国胡以相恤？卒然边境有急，数千百万之众，国胡以馈之？兵旱相乘，天下大屈，有勇力者聚徒而衡击⑳；罢㉑夫羸㉒老易㉓子而咬其骨。政治未毕通也，远方之能疑者，并举而争起矣。乃骇而图之，岂将有及乎？

夫积贮者，天下之大命也。苟粟多而财有余，何为而不成？以攻则取，以守则固，以战则胜。怀敌㉔附远㉕，何招㉖而不至！今殴㉗民而归之农，皆著㉘于本；使天下各食其力㉙，末技㉚游食之民，转而缘南亩，则畜积足而人乐其所矣。可以为富安天下，而直为此廪廪也，窃为陛下惜之。

译文：

管子说："粮仓充足，百姓就懂得礼节。"百姓生活不富足而能使国家安定，从古到今，还没有听说过这事。古代的人说："一个男子不耕地，有人就要因此挨饿；一个女子不织布，有人就要因此受冻。"生产东西有时节的限制，而消费它却没有限度，那么社会财富一定会缺乏。古代的人治理国家，考虑得极为细致和周密，所以他们的积贮足以依靠。现在人们弃农经商（不生产而）吃粮的人很多，这是国家的大祸患。淫靡奢侈的风气一天天地滋长，这也是国家的大祸害。这两种大祸害公然盛行，没有人去稍加制止；国家的命运将要覆灭，没有人去挽救；生产的人极少，而消费的人很多，国家的财富怎能不枯竭呢？

　　汉朝从建立以来，快四十年了，公私两方面的积贮还少得令人痛心。错过时令不下雨，百姓就忧虑不安，年景不好，百姓纳不了税，朝廷就要出卖爵位以增加收入，百姓就要出卖儿女以度过日子。这样的事情皇上已经耳有所闻了，哪有治理国家已经危险到这种地步而皇上不震惊的呢？世上有灾荒，这是自然界常有的现象，夏禹、商汤都曾遭受过。假如不幸有方圆二三千里地方的大旱灾，国家用什么去救济灾区？如果突然边境上有紧急情况，成千上万的军队，国家拿什么去发放粮饷？假若兵灾旱灾交互侵袭，国家财富极其缺乏，胆大力壮的人就聚集歹徒横行抢劫，年老体弱的人就互换子女来吃；政治的力量还没有完全达到各地，边远地方敢于同皇上对抗的人就一同举兵起来造反了。于是皇上才惊慌不安地谋划对付他们，难道还来得及吗？

　　积贮，是国家的命脉。如果粮食多财力充裕，干什么事情会不成功？凭借它去进攻就能攻取，凭借它去防守就能巩固，凭借它去作战就能取胜。使敌对的人归降，使远方的人顺附，招谁而不来呢？现在如果驱使百姓，让他们归向农业，都安心从事农业生产，使天下的人靠自己的劳动而生活，工商业者和不劳而食的游民，都转向田间从事农活，那么积贮就会充足，百姓就能安居乐业了。本来可以做到使国家富足安定，却竟造成了这种令人危惧的局面！我真替陛下痛惜啊！

注释：

① 管子：即管仲。后人把他的学说和依托他的著作，编辑成《管子》一书，共二十四卷

② 廪：米仓。

③ 未之尝闻：即"未尝闻之"，没有听说过这回事。未尝，不曾，副词。之，指"民不足而可治"，代词在否定句中作宾语，一般要前置。

④ 夫：古代对成年男子的通称。

⑤ 生之有时：生产有时间的限制。之，指物资、财富，代词。

⑥ 亡：同"无"。

⑦ 度：限制，节制。

⑧ 屈：竭，穷尽。

⑨ 孅（xiān）：通"纤"，细致。

⑩ 悉：详尽，周密。

⑪ 背本而趋末：放弃根本的事，去做不重要的事，此处是指放弃农业而从事工商业。古代以农桑为本业。

⑫ 淫侈（chǐ）之俗：奢侈的风气。淫，过分，副词。

⑬ 贼：害，危害，祸害。

⑭ 大命：国家的命运。

⑮ 靡：耗费。

⑯ 失时：错过时令。

⑰ 狼顾：狼性多疑，行走时常回头看，以防袭击，比喻人有后顾之忧。此处形容人们看到天不下雨的忧虑不安。

⑱ 贴危：危险。贴，临近。

⑲ 即：如果，假如，连词。

⑳ 衡击：横行劫掠攻击。衡，通"横"。

㉑ 罢（pí）：通"疲"。

㉒ 羸（léi）：瘦弱。

㉓ 易：交换。

㉔ 怀敌：使敌对者来归顺。怀，归向，使动用法。

㉕ 附远：使远方的人顺附。附，使动用法。

㉖ 招：招抚。

㉗ 殴：通"驱"，驱使。

㉘ 著："着"的本字，附着。

㉙ 食其力：靠自己的劳力吃饭。

㉚ 末技：不值得重视的技能，此处指与"本业"相对的"末业"，即工商业。

论贵粟疏

晁 错

原文：

圣王在上，而民不冻饥者，非能耕而食之①，织而衣之也②，为开其资财之道也③。故尧、禹有九年之水，汤有七年之旱，而国无捐瘠者④，以畜积多而备先具也。今海内为一，土地人民之众不避汤、禹⑤，加以无天灾数年之水旱，而畜积未及者，何也？地有遗利，民有余力，生谷之土未尽垦，山泽之利未尽出也，游食之民未尽归农也。

民贫，则奸邪生。贫生于不足，不足生于不农，不农则不地著⑥，不地著则离乡轻家，民如鸟兽。虽有高城深池，严法重刑，犹不能禁也。夫寒之于衣，不待轻暖；饥之于食，不待甘旨；饥寒至身，不顾廉耻。人情一日不再食则饥，终岁不制衣则寒。夫腹饥不得食，肤寒不得衣，虽慈母不能保其子，君安能以有其民哉？明主知其然也，故务民于农桑，薄赋敛，广畜积，以实仓廪⑦，备水旱，故民可得而有也。

民者，在上所以牧之⑧，趋利如水走下，四方无择也。夫珠玉金银，饥不可食，寒不可衣，然而众贵之者，以上用之故也。其为物轻微易藏，在于把握，可以周海内而无饥寒之患。此令臣轻背其主，而民易去其乡，盗贼有所劝，亡逃者得轻资也。粟米布帛生于地，长于时，聚于力，非可一日成也。数石之重⑨，中人弗胜⑩，不为奸邪所利；一日弗得而饥寒至。是故明君贵五谷而贱金玉。

今农夫五口之家，其服役者不下二人，其能耕者不过百亩，百亩之收不过百石。春耕，夏耘，秋获，冬藏，伐薪樵，治官府，给徭役；春不得避风尘，夏不得避暑热，秋不得避阴雨，冬不得避寒冻，四时之间，无日休息。又私自送往迎来，吊死问疾，养孤长幼在其中⑪。勤苦如此，尚复被水旱之灾，急政暴虐⑫，赋敛不时，朝令而暮改⑬。当具有者半贾而卖，无者取倍称之息⑭；于是有卖田宅、鬻子孙以偿债者矣。而商贾⑮大者积贮倍息，小者坐列贩卖，操其奇赢⑯，日游都市，乘上之急，所卖必倍。故其男不耕耘，女不蚕织，衣必文采，食必粱肉；无农夫之苦，有阡陌之得⑰。因其富厚，交通王侯，力过吏势，以利相倾；千里游遨，冠盖相望，乘坚策肥⑱，履丝曳缟⑲。此商人所以兼并农人，农人所以流亡者也。今法律贱商人，商人已富贵矣；尊农夫，农夫已贫贱矣。故俗之所贵，主之所贱也；吏之所卑，法之所尊也。上下相反，好恶乖迕⑳，而欲国富法立，不可得也。

方今之务，莫若使民务农而已矣。欲民务农，在于贵粟；贵粟之道，在于使民以粟为赏罚。今募天下入粟县官㉑，得以拜爵㉒，得以除罪。如此，富人有爵，农民有钱，粟有所渫㉓。夫能入粟以受爵，皆有余者也。取于有余，以供上用，则贫民之赋可损㉔，所谓损有余、补不足，令出而民利者也。顺于民心，所补者三：一曰主用足，二曰民赋少，三曰劝农功。今令民有车骑马㉕一匹者，复卒三人。车骑者，天下武备也，故为复卒。神农之教曰："有石城十仞，汤池百步，带甲百万，而无粟，弗能守也。"以是观之，粟者，王者大用㉖，政之本务。令民入粟受爵，至五大夫㉗以上，乃复一人耳，此其与骑马之功相去远矣。爵者，上之所擅㉘，出于口而无穷；粟者，民之所种，生于地而不乏。夫得高爵也免罪，人之所甚欲也。使天下人入粟于边，以受爵免罪，不过三岁，塞下之粟必多矣。

译文：

在圣明的君王统治下，百姓不挨饿受冻，这并不是因为君王能亲自种粮食给他们吃，织布匹给他们穿，而是由于他能给人民开辟财源。所以尽管唐尧、夏禹之时有过九年的水灾，商汤之时有过七年的旱灾，但那时没有因粮食缺乏而被抛弃和饿瘦的人，这是因为贮藏积蓄的东西多，事先早已做好了准备。现在全国统一，土地之大，人口之多，不亚于汤、禹之时，又没有连年的水旱灾害，但积蓄却不如汤、禹之时，这是什么道理呢？原因在于土地还有潜力，百姓还有余力，能长谷物的土地还没全部开垦，山林湖沼的资源尚未完全开发，游手好闲之徒还没全都从事耕种。

百姓生活贫困了，就会去做邪恶的事。贫困是由于不富足，不富足是由于不务农，不从事农业就不能在一个地方定居下来，不能定居就会离开乡土，轻视家园，像鸟兽一样四处奔散。这样的话，国家即使有高大的城墙，深险的护城河，严厉的法令，残酷的刑罚，还是不能禁止他们。人在寒冷的时候，不会等有了轻暖的皮衣才穿；饥饿的时候，也不会等有了美味才吃；饥寒交迫，就顾不上廉耻了。人之常情是：一天不吃两顿饭就要挨饿，整年不做衣服穿就会受冻。那么，肚子饿了没饭吃，身上冷了无衣穿，即使是慈母也不能留住她的儿子，国君又怎能保有他的百姓呢？贤明的君主懂得这个道理，所以让人民从事农业生产，减轻他们的赋税，大量贮备粮食，以便充实仓库，防备水旱灾荒，因此也就能够拥有人民。

百姓呢，在于君主用什么办法来管理他们，他们追逐利益就像水往低处流一样，不管东南西北。珠玉金银这些东西，饿了不能当饭吃，冷了不能当衣穿，然而人们还是看重它，这是因为君主喜欢用它的缘故。珠玉金银这些物品，轻便小巧，容易收藏，拿在手里，可以周游全国而无饥寒的威胁。这就会使臣子轻易地背弃他的君主，而百姓也随便地离开他的家乡，盗贼受到了鼓励，犯法逃亡的人有了便于携带的财物。粟米和布帛的原料生在地里，在一定的季节里成长，收获也需要人力，并非短时间内可以成事。几石重的粮食，一般人拿不动它，也不为奸邪的人所贪图，可是这些东西一天得不到就要挨饿受冻。因此，贤明的君主重视五谷而轻视金玉。

现在五口之家的农户，给官府服役的不少于二人，能够耕种的土地不超过百亩，百亩的收成，不超过百石。他们春天耕地，夏天耘田，秋天收获，冬天储藏，还得砍木柴，修理官府的房舍，服劳役；春天不能避风尘，夏天不能避暑热，秋天不能避阴雨，冬天不能避寒冻，一年四季，没有一天休息；在私人方面，又要交际往来，吊唁死者，看望病人，抚养孤老，养育幼儿，一切费用都要从农业收入中开支。农民如此辛苦，还要遭受水旱灾害，官府又要急征暴敛，随时摊派，早晨发命令，晚上就要交纳。交赋税的时候，有粮食的人，半价贱卖后完税；没有粮食的人，只好以加倍的利息借债纳税，于是就出现了卖田地房屋、卖子孙来还债的事情。而那些商人们，大的囤积货物，获取加倍的利息；小的开设店铺，贩卖货物，牟取利润。他们每日都去集市游逛，趁政府急需某种货物的机会，就趁机抬高这种货物的物价，成倍获利。所以商人家中男的不必耕地耘田，女的不用养蚕织布，穿的必定是华美的衣服，吃的必定是上等的米和肉；没有农夫那样的劳苦，却占有农夫的收获。依仗自己富厚的钱财，与王侯结交，势力超过官吏，凭借资产相互倾轧；他们到处游玩，华丽的冠服车盖在大道上互相可以望见，他们乘着坚固的车，赶着壮实的马，脚穿丝鞋，身披绸衣。这就是商人兼并农民土地，农民流亡在外的原因。当今虽然法律轻视商人，而商人实际上已经富贵了；法律尊重农民，而农民事实上却已贫困了。所以一般俗人所看重的，正是君主所轻贱的；一般官吏所鄙视的，正是法律所尊重的。上下相反，好恶颠倒，在这种情况下，要想使国家富裕，法令实施，那是不可能的。

当今的迫切任务，没有比使人民务农更为重要的了。而要想使百姓从事农业，关键在于重视粮食；重视粮食的办法，在于让百姓拿粮食来求赏或免罚。现在应该号召天下百姓交粮给政府，纳粮的可以封爵，或赎罪。这样富人就可以得到爵位，农民就可以得到钱财，粮食也分散到需要的地方去了。那些能交纳粮食得到爵位的，都是有余粮的人。从富有的人那里得到余粮来供政府用，那么贫苦百姓所担负的赋税就可以减轻，这就叫做减少富有的去弥补不足的，法令一颁布百姓就能够得益。依顺百姓心愿，有三个好处：一是君主需要的东西充足，二是百姓的赋税减少，三是鼓励从事农业生产。按现行法令，民间能输送一匹战马的，就可以免去三个人的兵役。战马是国家战备所用，所以可以使人免除兵役。神农氏曾教导说："有七八丈高的石砌城墙，有百步之宽贮满沸水的护城河，上百万全副武装的兵士，然而没有粮食，那是守不住的。"这样看来，粮食是君王最需要的资财，是国家最根本的政务。现在让百姓交粮买爵，封到五大夫以上，才免除一个人的兵役，这与一匹战马的功用相比差得太远了。赐封爵位，是皇上专有的权力，只要一开口，就可以无穷无尽地封给别人；粮食，是百姓种出来的，生长在土地中而不会缺乏。能够封爵与赎罪，是人们十分向往的。假如叫天下百姓都献纳粮食，用于边塞，以此换取爵位或赎罪，那么不用三年，边地粮食必定会多起来。

注释：

① 食（sì）之：给他们吃。"食"作动词用。
② 衣（yì）之：给他们穿。"衣"作动词用。
③ 道：途径。
④ 捐瘠（jí）：被遗弃和瘦弱的人。捐，抛弃；瘠，瘦。
⑤ 不避：不让，不次于。
⑥ 地著（zhuó）：定居一地。《汉书·食货志》："理民之道，地著为本。"颜师古注："地著，谓安土也。"
⑦ 廪（lǐn）：米仓。
⑧ 牧：养，引申为统治、管理。
⑨ 石：重量单位。汉制三十斤为钧，四钧为石。
⑩ 弗胜：不能胜任，指拿不动。
⑪ 长（zhǎng）：养育。
⑫ 政：同"征"。虐：王念孙以为当作"赋"。
⑬ 改：王念孙以为本作"得"。
⑭ 倍称（chèn）之息：加倍的利息。称，相等，相当。
⑮ 贾（gǔ）：商人。
⑯ 奇（jī）赢：利润。奇，指余物；赢：指余利。
⑰ 阡陌（qiān mò）之得：指田地的收获。阡陌，田间小路，此代田地。

⑱ 乘坚策肥：乘坚车，策肥马。策，用鞭子赶马。
⑲ 履丝曳（yè）缟（gǎo）：脚穿丝鞋，身披绸衣。曳，拖着。缟，一种精致洁白的丝织品。
⑳ 乖迕（wǔ）：相违背。
㉑ 县官：汉代对官府的通称。
㉒ 拜爵：封爵位。
㉓ 渫（xiè）：散出。
㉔ 损：减。
㉕ 车骑马：指战马。
㉖ 大用：最需要的东西。
㉗ 五大夫：汉代的一种爵位，在侯以下二十级中属第九级。凡纳粟四千石，即可封赐。
㉘ 擅：独揽。

修 身

荀 子

原文：

　　见善，修然必以自存①也；见不善，愀然②必以自省也。善在身，介然③必以自好也；不善在身，菑然④必以自恶也。故非我而当者，吾师也；是我而当者，吾友也；谄谀我者，吾贼也。故君子隆师而亲友，以致恶其贼。好善无厌⑤，受谏而能诫，虽欲无进，得乎哉！小人反是：致乱而恶人之非己也；致不肖而欲人之贤己也；心如虎狼，行如禽兽，而又恶人之贼己也。谄谀者亲，谏争者疏，修正为笑，至忠为贼，虽欲无灭亡，得乎哉！诗曰："嗡嗡呰呰，亦孔之哀。谋之其臧，则具是违；谋之不臧，则具是依。"⑥此之谓也。

　　扁⑦善之度——以治气养生，则后彭祖⑧；以修身自名，则配尧禹。宜于时通，利以处穷，礼信是也。凡用血气、志意、知虑，由礼则治通，不由礼则勃乱提僈⑨；食饮、衣服、居处、动静，由礼则和节，不由礼则触陷生疾；容貌、态度、进退、趋行，由礼则雅，不由礼则夷固、僻违、庸众⑩而野。故人无礼则不生，事无礼则不成，国家无礼则不宁。诗曰："礼仪卒度，笑语卒获。"⑪此之谓也。

　　以善先人者谓之教，以善和人者谓之顺；以不善先人者谓之谄，以不善和人者谓之谀。是是非非谓之知，非是是非谓之愚。伤良曰谗，害良曰贼。是谓是，非谓非曰直。窃货曰盗，匿行曰诈，易言曰诞。趣舍⑫无定谓之无常。保利弃义谓之至贼。多闻曰博，少闻曰浅。多见曰闲⑬，少见曰陋。难进曰偍⑭，易忘曰漏。少而理曰治，多而乱曰秏⑮。

　　治气养心之术：血气刚强，则柔之以调和；知虑渐深，则一之以易良；勇胆猛戾，则辅之以道顺；齐给便利，则节之以动止；狭隘褊小，则廓之以广大；卑湿重迟贪利，则抗之以高志；庸众驽散，则劫⑯之以师友；怠慢僄弃，则照之以祸灾；愚款端悫⑰，则合之以礼乐，通之以思索。凡治气养心之术，莫径由礼，莫要得师，莫神一好。夫是之谓治气养心之术也。

　　志意修则骄富贵，道义重则轻王公；内省而外物轻矣。传⑱曰："君子役物，小人役于物。"此之谓矣。身劳而心安，为之；利少而义多，为之；事乱君而通，不如事穷君而顺焉。故良农不为水旱不耕，良贾㉙不为折阅不市，士君子不为贫穷怠乎道。

体恭敬而心忠信，术礼义而情爱人；横㉚行天下，虽困四夷㉑，人莫不贵。劳苦之事则争先，饶乐之事则能让，端悫诚信，拘守而详，横行天下，虽困四夷，人莫不任。体倨固而心执诈㉒，术顺墨而精杂污，横行天下，虽达四方，人莫不贱。劳苦之事则偷儒转脱㉓，饶乐之事则佞兑而不曲，辟违而不悫，程役而不录，横行天下，虽达四方，人莫不弃。

行而供冀，非渍淖也㉔；行而俯项，非击戾㉕也；偶视而先俯，非恐惧也。然夫士欲独修其身，不以得罪于比㉖俗之人也。

夫骥一日而千里，驽马十驾则亦及之矣。将以穷无穷，逐无极与？其折骨绝筋，终身不可以相及也。将有所止之，则千里虽远，亦或迟、或速、或先、或后，胡为乎其不可以相及也！不识步道者，将以穷无穷，逐无极与？意亦有所止之与？夫"坚白""同异""有厚无厚"㉗之察，非不察也，然而君子不辩，止之也。倚魁㉘之行，非不难也，然而君子不行，止之也。故学曰迟。彼止而待我，我行而就之，则亦或迟、或速、或先、或后，胡为乎其不可以同至也！故蹍步而不休，跛鳖千里；累土而不辍，丘山崇成。厌其源，开其渎，江河可竭。一进一退，一左一右，六骥不致。彼人之才性之相县㉙也，岂若跛鳖之与六骥足哉！然而跛鳖致之，六骥不致，是无他故焉，或为之，或不为尔！道虽迩，不行不至；事虽小，不为不成。其为人也多暇日者，其出入不远矣。

好法而行，士也；笃志而体，君子也；齐明而不竭，圣人也。人无法，则伥伥然㉚；有法而无志其义，则渠渠然；依乎法，而又深其类，然后温温然㉛。

礼者，所以正身也；师者，所以正礼也。无礼，何以正身？无师，吾安知礼之为是也？礼然而然，则是情安礼也；师云而云，则是知若师也。情安礼，知若师，则是圣人也。故非礼，是无法也；非师，是无师也。不是师法而好自用，譬之是犹以盲辨色，以聋辨声也，舍乱妄无为㉜也。故学也者，礼法也。夫师以身为正仪，而贵自安者也。诗云："不识不知，顺帝之则。"此之谓也。

端悫顺弟㉝，则可谓善少者矣；加好学逊敏焉，则有钧㉞无上，可以为君子者矣。偷儒惮事，无廉耻而嗜乎饮食，则可谓恶少者矣；加炀悍而不顺，险贼而不弟焉，则可谓不详少者矣，虽陷刑戮可也。老老㉟而壮者归焉，不穷穷而通者积焉，行乎冥冥而施乎无报，而贤不肖一焉。人有此三行，虽有大过，天其不遂㊱乎！

君子之求利也略，其远害也早，其避辱也惧，其行道理也勇。君子贫穷而志广，富贵而体恭，安燕㊲而血气不惰，劳倦而容貌不枯，怒不过夺，喜不过予。

君子贫穷而志广，隆仁也；富贵而体恭，杀埶㊳也；安燕而血气不惰，柬理也；劳倦而容貌不枯，好交也；怒不过夺，喜不过予，是法胜私也。书曰："无有作好，遵王之道。无有作恶，遵王之路。"此言君子之能以公义胜私欲也。

译文：

　　见到善良的行为，一定认真地拿它来对照反省自己；见到不善的行为，一定要心怀忧惧地检讨自己。自己身上有了好的德行，就要坚定不移地珍视它；自己身上有不良的品行，就会如灾害降临似的痛恨自己。所以，指出我的缺点而批评又中肯的人，就是我的老师；肯定我而赞赏又恰当的人，就是我的朋友；谄媚我的人，就是害我的贼人。所以君子要尊重老师，亲近朋友，而极端痛恨那些谄媚自己的贼人。追求好的德行永远不满足，受到劝告能够警惕，这样即使不想进步，可能吗？小人则与此相反，自己胡作非为，却痛恨别人批评自己；自己极其无能，却期望别人说自己贤能；自己心肠狠毒，行为如同禽兽，却又憎恨别人妨害自己。他们亲近阿谀奉承自己的人，疏远直言规劝自己改正错误的人，把纠正自己错误的话当做讥笑自己，把极端忠诚的行为当做损害自己，这样的人即使不想灭亡，可能吗？《诗经》说："胡乱吸取，乱加诋毁，实在是非常可悲啊。本来计划做好事，结果却违反，本来计划不好，反而一一依从。"说的就是这样的人。

　　使人无往而不善的法则是：用调理血气来保养身体，那么自己的寿命会仅次于彭祖；用善行来洁身自好，那么自己的名声可与尧、禹媲美。既适宜用来处守显达的顺境又有利于处守困窘的境遇的就是礼义。凡是使用血气、意志、智慧和思虑的时候，遵循礼义就通达顺利，不遵循礼义就产生谬误错乱，行为就会迟缓怠惰；在吃饭、穿衣、居处及活动的时候，遵循礼义的行为就会和谐适当，不遵循礼义就会触犯禁忌而生病；人的容貌、态度、进退、行走，遵循礼义就温雅可亲，不遵循礼义就显得傲慢、固执、邪僻、粗野。所以，人没有礼义就不能生存，做事情不讲礼义，事情就办不成，国家没有礼义就不能安宁。《诗经》说："礼仪完全符合法度，一言一笑完全得当。"说的就是这种情况。

　　用善行引导别人叫做教导，用善行去附和别人叫做顺应；用不良的言行引导别人叫做谄媚，用不好的言行去附和别人叫做阿谀。以是当是，以非当非，就叫做明智；以是为非，以非为是，就叫做愚蠢。用言论中伤善良，就叫做谗言，用言论陷害良士，就叫做虐害。以是为是，以非为非，就是正直。窃取财物，就叫做偷窃；隐瞒自己的行为，就叫做欺骗；信口开河，就叫做虚妄，对追求是进取还是放弃犹豫不决，就叫做无常。为了保住利益而背信弃义，就叫做大贼。听到的事情多叫做广博，听到的事情少叫做浅薄，见多识广叫做开阔，见识少叫做孤陋寡闻。难于进取叫做废弛，学过的经常遗忘叫做遗漏。措施少但井井有条叫做治理、管理，措施繁多而杂乱无章叫做昏乱不明。

理气养心的方法是：对血气刚强的，就用心平气和使其顺服；对思想深沉而不明朗的，就用坦率、平易的方法去同化他；对勇猛乖张的，就用疏导的方式辅助他；对性急嘴快的，就用动静相辅相成的方式去节制他；对心胸狭窄的，就用宽宏大量来开导他；对卑下、迟钝、贪图小利的，就用高尚的志向去提高他；对庸俗散漫的，就用良师益友去改造他；对怠慢、轻薄、自暴自弃的，就用招致灾祸的后果来提醒他；对愚钝、朴实、端庄、拘谨的，就用礼仪音乐去协调他，用深思熟虑去开导他。大凡理气养心的方法，没有比遵循礼义更直接的了，没有比得到好的老师的指导更重要的了，没有比专心一致更神妙的了。这就是所说的理气养心的方法。

志向美好就能傲视富贵，看重道义就能藐视王公贵族；内心省察自己，就觉得外来的财物轻微了。古书上说："君子支配外物，小人则被外物所支配。"说的就是这个道理。身体劳累，但内心感到安适的事，就去做它；利益少但意义重大的事，就去做它；侍奉暴君而显达，不如侍奉陷于困境的君主而顺从道义。所以好的农民不因为遭到水灾、旱灾就不再耕种，好的商人不因为亏本就不再做买卖，有志向和学问的人不因为贫穷困厄而怠慢道义。

外貌恭敬，内心忠诚，遵循礼义并且性情仁爱，这样的人走遍天下，即使困顿在边远地区，也没有人不敬重他的；劳累辛苦的事抢先去做，有利可图、享乐的事却能让给别人，诚实守信，谨守法度而又明察事理，这样的人走遍天下，即使困顿在边远地区，也没有人不信任他的。外表傲慢固执，内心阴险狡诈，滥用慎到和墨翟的学说，并且内心驳杂污秽，这样的人走遍天下，即使显贵四方，没有人不轻视他的；遇到劳累辛苦的事就偷懒推脱，遇到有利可图、得以享乐的事就花言巧语地谄媚，毫不谦让地迅速抢夺，邪僻恶劣又不忠厚，放纵自己的欲望而不检束，这样的人走遍天下，即使显贵四方，没有人不摒弃他的。

走路时小心谨慎，不是因为怕沾染烂泥；走路时低头俯视，不是因为怕碰撞着什么；与别人对视而先低下头，不是因为惧怕对方。读书人这样做，只是想独自修养自己的身心，而不愿因此得罪世俗之人。

千里马一天能奔跑千里，劣马跑十天也可以达到。但是，如果用有限的气力要去穷尽无尽的路途，追赶起来没完没了，那么即使劣马跑断了骨头，走断了脚筋，一辈子也不能赶上千里马啊！如果有个终点，那么千里的路程虽然很遥远，也不过是快点、慢点、早点、晚点而已，怎么不能到达目的地呢？不知道那走在路上的人，是用有限的力量去追逐那无限的目标呢，还是也有个一定的范围和止境呢？对那些"坚白""同异""有厚无厚"等命题的考察、辨析，不是不明察，然而君子不去辩论它们，是因为有所节制啊。那些怪异的行为，并不是不难做到，但是君子并不去做，也是因为有所节制啊。所以学者说："我迟缓落后了，当别人停下来等待我的时候，我就努力赶上去，这样或慢或快，或早或晚，怎么不能同样到达目的地呢？"所以只要一步一步地走个不停，那么即使瘸了腿的甲鱼也能走千里；土堆积起来没完，山丘也能够堆成；堵塞水源，开通沟渠，即使是长江、黄河也会枯竭；一会儿前进一会儿后退，一会儿向左一会儿向右，就是六匹千里马拉车也不能到达目的地。至于人的资质，即使相距悬殊，难道会像瘸了腿的甲鱼和六匹千里马那样悬殊吗？然而瘸了腿的甲鱼能够到达目的地，六匹千里马拉的车却不能到达，这并没有其他原因，只不过是有的去做，有的不去做罢了！路程即使很近，但如果不走就不能到达；事情虽然很小，但不做就不能完成。那些活在世上闲暇很多的人，他们即使超出别人，也不会很远的。

　　遵守法度而且尽力遵行的，是学士；意志坚定而又亲身实践的，是君子；无所不明而智慧又永不枯竭的，是圣人。人没有礼法，就会无所适从；有礼法，却不知其意义，就会局促不安。遵循礼法而又能精确把握它的具体规则，然后才能泰然平和，得心应手。

　　礼法，是用来端正自身的行为的；老师，是用来正确解释礼法的。没有礼法，用什么来端正身心呢？没有老师，又怎能知道礼义是正确的呢？礼法怎样规定就怎样去做，这就是性情习惯于按照礼的要求去做；老师怎么说就怎么说，这就是理智顺从老师。性情习惯于遵礼而行，理智顺从老师，这就是圣人了。所以，违背了礼法，就是无视法度；违背了老师，就是无视老师。不遵照老师的教导，违背礼法，喜欢自以为是，这就好像让盲人去分辨颜色，让聋子去分辨声音，除了胡说妄为是不会干出什么好事来的。所以，学习就是学礼法，老师就是以身作则而且又要安心于这样做的人。《诗经》说："不知不觉，顺应天帝的法则。"说的就是这种情况。

　　端正谨慎而顺从兄长，就可以称为好少年了；如果还好学上进，谦虚敏捷，那就只有和他相等的人而没有能超过他的人了，这样的人可以称为君子了。苟且偷安，懒惰怕事，没有廉耻而又贪图吃喝，就可以称为坏少年了；如果还放荡凶暴而不顺从道义，险恶害人而不敬从兄长，这就叫做凶险的少年了，这样的人即使遭受刑杀，也毫不可惜。尊敬老人，那么青壮年便会归附；不轻侮处境艰难的人，因而明通事理的人便都会来聚集；暗中做好事，施惠不图报答，这样贤人和不贤的人都会归向你，人有这三种好德行，即使有天大的过失，恐怕上天也不会让他大祸临头吧。

君子对利益的追求不斤斤计较，他能较早地避开祸害。他对于避免耻辱是诚惶诚恐的，对于奉行道义是勇往直前的。即使身处贫穷困窘，君子志向也是远大的；即使身处富足高贵，但体态容貌却非常恭敬；即使生活安逸，但精神并不松懈懒惰；即使劳累疲乏，但容貌依然端庄；发怒的时候也不过分地处罚人，高兴时也不过分地奖赏人。君子虽然受到贫穷，但志向是远大的，这是因为他要弘扬仁德；虽然得到富贵，可是容貌是谦恭的，这是因为他不依势作威；虽然安逸，但精神并不松懈懒惰，这是因为他明通道理；虽然身体劳累，但容貌不无精打采，这是因为他爱好礼仪，注重礼节；发怒时也不过分处罚别人，高兴时也不过度奖赏别人，这是因为礼法战胜了私情。《尚书》说："不要有所偏好，要遵循古代圣王的正道；不要有所偏恶，要遵循古代圣王的正路。"就说的是君子能用公理正义战胜个人的欲望。

注释：

① 存：检查，考察。

② 愀然：忧惧的样子。

③ 介然：坚固的样子。

④ 菑（zāi）然：菑同灾，菑然指灾害在身的样子。

⑤ 厌：通"餍"，满足。

⑥ 出自《诗经·小雅·小旻》。

⑦ 扁：通"遍"，普遍。

⑧ 彭祖：传说中的长寿之人。

⑨ 提僈：松弛怠慢。

⑩ 庸众：庸俗。

⑪ 出自《诗经·小雅·楚茨》。

⑫ 趣舍：通"取舍"。

⑬ 闲：博大，这里指见多识广。

⑭ 偍：迟缓。

⑮ 耗：通"眊"，昏乱不明，指混乱的意思。

⑯ 劫：约束。

⑰ 愚款端悫：忠厚老实的人。
⑱ 传：指旧时的传闻。
⑲ 贾：古代商贾是两个概念，商是指运货贩卖的人；贾是指囤积盈利的人。
⑳ 横：通"广"。
㉑ 四夷：古代中原地区的人称呼周边的民族，北方的为北狄，南方的为南蛮，东方的为东夷，西方的为西戎。这里代指偏远地区。
㉒ 埶诈：埶通势。势利狡猾。
㉓ 偷儒转脱：胆小怕事的人苟求免事。偷：偷懒。儒：懦弱。转脱：婉转推脱。
㉔ 供冀：恭敬。渍淖：陷入泥沼中。
㉕ 击戾：碰触。
㉖ 比：同的意思。
㉗ "坚白""同异""有厚无厚"：都是当时名家学派的辩题。
㉘ 倚魁：奇怪，怪异。
㉙ 县：通"悬"，悬殊。
㉚ 怅怅然：迷茫的样子。
㉛ 温温然：平和的样子。
㉜ 舍乱妄无为：指所作所为皆胡乱妄为。
㉝ 弟：通"悌"，敬爱兄长。
㉞ 钧：通"均"，同等。
㉟ 老老：尊敬老人。
㊱ 遂：通"坠"，毁灭。
㊲ 安燕："燕"通"逸"，安燕指安逸的意思。
㊳ 杀埶：不依仗权势。

孟子·梁惠王上①（一）

原文：
孟子见梁惠王②。王曰："叟！不远千里而来，亦将有以利吾国乎？"

孟子对曰："王！何必曰利？亦有仁义③而已矣。王曰'何以利吾国'？大夫④曰'何以利吾家'？士庶人曰'何以利吾身'？上下交征利而国危矣。万乘⑤之国，弑其君者，必千乘之家；千乘之国，弑其君者，必百乘之家。万取千焉，千取百焉，不为不多矣。苟为后义而先利，不夺不餍⑥。未有仁而遗其亲者也，未有义而后其君者也。王亦曰仁义而已矣，何必曰利？"

译文：
孟子谒见梁惠王。惠王说："老先生，您不远千里而来，一定有什么有利于我的国家的高见吧？"

孟子回答道："大王，您为什么定要说到那利呢？只有仁义就够了。大王说'怎样有利于我的国家'？大夫说'怎样有利于我的封邑'？士人平民说'怎样有利于我自身'？上上下下互相争夺利益，那国家就危险了。在拥有万辆兵车的国家，杀掉国君的，必定是国内拥有千辆兵车的大夫；在拥有千辆兵车的国家，杀掉国君的，必定是国内拥有百辆兵车的大夫。在拥有万辆兵车的国家里，这些大夫拥有千辆兵车；在拥有千辆兵车的国家里，这些大夫拥有百辆兵车，不算是不多了，如果轻义而重利，他们不夺取（国君的地位和利益）是绝对不会满足的。没有讲仁的人会遗弃自己父母的，没有行义的人会不顾自己君主的。大王只要讲仁义就行了，何必谈利呢？"

注释：
① 梁惠王上：《梁惠王》是《孟子》第一篇的篇名，《孟子》和《论语》一样，原无篇名，后人一般取每篇第一章中的前两三个字为篇名。《孟子》共七篇，东汉末赵岐为《孟子》作注时，将每篇皆分为上、下，后人从之。

② 梁惠王：即战国时魏惠王魏䓨。魏原来都城在安邑（今山西夏县西北），因秦国的压力，魏惠王迁都大梁（今河南开封），故魏也被称为梁，魏惠王也被

称为梁惠王。"惠"是其死后的谥号。

③仁义:"仁"是儒家的一种含义广泛的道德观念,是各种善的品德的概括,核心指人与人相互亲爱。"义",儒家学说指思想行为符合一定的准则。

④大夫:先秦时代职官等级名,国君之下有卿、大夫、士三级。家:大夫的封邑。封邑是诸侯封赐所属卿、大夫作为世禄的田邑(包括土地上的劳动者在内),又称采地。

⑤乘(shèng):量词,一车四马为一乘。当时战争的形式主要是车战,一辆兵车由四匹马拉,车上有三名武装士兵,后有若干步兵。古代常以兵车的多少衡量诸侯国或卿大夫封邑的大小。

⑥餍:满足。

孟子·梁惠王上（二）

原文：

孟子见梁惠王。王立于沼上，顾鸿雁麋鹿，曰："贤者亦乐此乎？"

孟子对曰："贤者而后乐此，不贤者虽有此，不乐也。《诗》①云：'经始灵台，经之营之，庶民攻之，不日成之。经始勿亟，庶民子来。王②在灵囿，麀鹿攸伏，麀鹿濯濯，白鸟鹤鹤。王在灵沼，於牣鱼跃。'文王以民力为台为沼，而民欢乐之，谓其台曰灵台，谓其沼曰灵沼，乐其有麋鹿鱼鳖。古之人与民偕乐，故能乐也。《汤誓》③曰：'时日害丧④，予及女⑤偕亡。'民欲与之偕亡，虽有台池鸟兽，岂能独乐哉？"

译文：

孟子谒见梁惠王。梁惠王站在池塘边上，一面观赏着鸿雁麋鹿，一面问道："贤人也以此为乐吗？"

孟子答道："只有贤人才能感受到这种快乐，不贤的人纵然拥有珍禽异兽，也不会（真正感受到）快乐的。《诗经》上说：'文王规划筑灵台，基址方位细安排，百姓踊跃来建造，灵台很快就造好。文王劝说不要急，百姓干活更积极。文王巡游到灵囿，母鹿自在乐悠悠，母鹿肥美光泽好，白鸟熠熠振羽毛。文王游观到灵沼，鱼儿满池喜跳跃。'文王依靠民力造起了高台深池，但人民却高高兴兴，把他的台叫做灵台，把他的池沼叫做灵沼，为他能享有麋鹿鱼鳖而高兴。古代的贤君与民同乐，所以能享受到（真正的）快乐。《汤誓》中说：'这个太阳什么时候灭亡？我们要跟你同归于尽！'人民要跟他同归于尽，（他）纵然拥有台池鸟兽，难道能独自享受到快乐吗？"

注释：

①《诗》：即《诗经》，我国最早的诗歌总集。本只称诗，儒家列为经典，故称《诗经》，大抵是周初至春秋中期的作品，共三百零五篇，分为风、小雅、大雅、颂四类。此章所引为《大雅·灵台》。

② 王：此指周文王姬昌。

③《汤誓》：《尚书》中的一篇。《尚书》是我国上古历史文献和部分追述上古事迹著作的汇编，是儒家经典之一。《汤誓》这一篇，记载商汤王讨伐暴君夏王桀的誓词。传说，夏桀曾自比太阳，说太阳灭亡他才灭亡。此章所引是百姓诅咒夏桀的话。

④时：这。害：同"曷"，何时的意思。

⑤女：同"汝"，你。

说 难

韩非子

原文：

凡说之难：非吾知之有以说之之难也，又非吾辩之能明吾意之难也，又非吾敢横失而能尽之难也。凡说之难：在知所说之心，可以吾说当之。所说出于为名高者也，而说之以厚利，则见下节而遇卑贱，必弃远矣。所说出于厚利者也，而说之以名高，则见无心而远事情，必不收矣。所说阴为厚利而显为名高者也，而说之以名高，则阳收其身而实疏之；说之以厚利，则阴用其言显弃其身矣。此不可不察也。

夫事以密成，语以泄败。未必其身泄之也，而语及所匿之事，如此者身危。彼显有所出事，而乃以成他故，说者不徒知所出而已矣，又知其所以为，如此者身危。规异事而当，知者揣之外而得之，事泄于外，必以为己也，如此者身危。周泽未渥也，而语极知，说行而有功，则德忘；说不行而有败，则见疑，如此者身危。贵人有过端，而说者明言礼义以挑其恶，如此者身危。贵人或得计而欲自以为功，说者与知焉，如此者身危。强以其所不能为，止以其所不能已，如此者身危。故与之论大人，则以为间己矣；与之论细人，则以为卖重。论其所爱，则以为借资；论其所憎，则以为尝己也。径省其说，则以为不智而拙之；米盐博辩，则以为多而交之。略事陈意，则曰怯懦而不尽；虑事广肆，则曰草野而倨侮。此说之难，不可不知也。

凡说之务，在知饰所说之所矜而灭其所耻。彼有私急也，必以公义示而强之。其意有下也，然而不能已，说者因为之饰其美而少其不为也。其心有高也，而实不能及，说者为之举其过而见其恶，而多其不行也。有欲矜以智能，则为之举异事之同类者，多为之地，使之资说于我，而佯不知也以资其智。欲内相存之言，则必以美名明之，而微见其合于私利也。欲陈危害之事，则显其毁诽而微见其合于私患也。誉异人与同行者，规异事与同计者。有与同污者，则必以大饰其无伤也；有与同败者，则必以明饰其无失也。彼自多其力，则毋以其难概之也；自勇之断，则无以其谪怒之；自智其计，则毋以其败穷之。大意无所拂悟，辞言无所系縻，然后极骋智辩焉。此道所得，亲近不疑而得尽辞也。伊尹为宰，百里奚为虏，皆所以干其上也。此二人者，皆圣人也；然犹不能无役身以进，如此其污也！今以吾言为宰虏，而可以听用而振世，此非能仕之所耻也。夫旷日弥久，而周泽既渥，深计而不疑，引争而不罪，则明割利害以致其功，直指是非以饰其身，以此相持，此说之成也。

昔者郑武公欲伐胡，故先以其女妻胡君以娱其意。因问于群臣，"吾欲用兵，谁可伐者？"大夫关其思对曰："胡可伐。"武公怒而戮之，曰："胡，兄弟之国也。子言伐之，何也？"胡君闻之，以郑为亲己，遂不备郑。郑人袭胡，取之。宋有富人，天雨墙坏。其子曰："不筑，必将有盗。"其邻人之父亦云。暮而果大亡其财。其家甚智其子，而疑邻人之父。此二人说者皆当矣，厚者为戮，薄者见疑，则非知之难也，处知则难也。故绕朝之言当矣，其为圣人于晋，而为戮于秦也，此不可不察。

昔者弥子瑕有宠于卫君。卫国之法：窃驾君车者罪刖。弥子瑕母病，人间往夜告弥子，弥子矫驾君车以出。君闻而贤之，曰："孝哉！为母之故，忘其刖罪。"异日，与君游于果园，食桃而甘，不尽，以其半啖君。君曰："爱我哉！忘其口味以啖寡人。"及弥子色衰爱弛，得罪于君，君曰："是固尝矫驾吾车，又尝啖我以余桃。"故弥子之行未变于初也，而以前之所以见贤而后获罪者，爱憎之变也。故有爱于主，则智当而加亲；有憎于主，则智不当见罪而加疏。故谏说谈论之士，不可不察爱憎之主而后说焉。

夫龙之为虫也，柔可狎而骑也；然其喉下有逆鳞径尺，若人有婴之者，则必杀人。人主亦有逆鳞，说者能无婴人主之逆鳞，则几矣。

译文：

大凡进说的困难：不是难在我的才智能够用来向君主进说，也不是难在我的口才能够阐明我的意见，也不是难在我敢毫无顾忌地把看法全部表达出来。大凡进说的困难：在于了解进说对象的心理，以便用我的说法适合他。进说对象想要追求美名的，却用厚利去说服他，就会显得节操低下而得到卑贱待遇，必然受到抛弃和疏远。进说对象想要追求厚利的，却用美名去说服他，就会显得没有心计而又脱离实际，必定不会被接受。进说对象暗地追求厚利而表面追求美名的，用美名向他进说，他就会表面上接受而实际上疏远进说者；用厚利向他进说，他就会暗地采纳进说者的主张而表面上抛弃进说者。这是不能不明察的。

事情因保密而成功，谈话因泄密而失败。未必进说者本人泄露了机密，而是谈话中触及君主心中隐匿的事，如此就会身遭危险。君主表面上做这件事，心里却想借此办成别的事，进说者不但知道君主所做的事，而且知道他要这样做的意图，如此就会身遭危险。进说者筹划一件不平常的事情并且符合君主心意，聪明人从外部迹象上把这事猜测出来了，事情泄露出来，君主一定认为是进说者泄露的，如此就会身遭危险。君主恩泽未厚，进说者谈论却尽其所知，如果主张得以实行并获得成功，功德就会被君主忘记；主张行不通而遭到失败，就会被君主怀疑，如此就会身遭危险。君主有过错，进说者倡言礼义来挑他的毛病，如此就会身遭危险。君主有时计谋得当而想自以为功，进说者同样知道此计，如此就会身遭危险。勉强君主去做他不能做的事，强迫君主停止他不愿意停止的事，如此就会身遭危险。所以进说者如果和君主议论大臣，就被认为是想离间君臣关系；和君主谈论近侍小臣，就被认为是想卖弄身价。谈论君主喜爱的人，就被认为是拉关系；谈论君主憎恶的人，就被认为是搞试探。说话直截了当，就被认为是不聪明而笨拙；谈话琐碎详尽，就被认为是啰唆而冗长。简略陈述意见，就被认为是怯懦而不敢尽言；谋事空泛放任，就被认为是粗野而不懂礼貌。这些进说的困难，是不能不知道的。

  大凡进说的要领，在于懂得粉饰进说对象自夸之事而掩盖他所自耻之事。君主有私人的急事，进说者一定要指明这合乎公义而鼓励他去做。君主有卑下的念头，但是不能克制，进说者就应把它粉饰成美好的而抱怨他不去干。君主有过高的企求，而实际不能达到，进说者就为他举出此事的缺点并揭示它的坏处，而称赞他不去做。君主想自夸智能，进说者就替他举出别的事情中的同类情况，多给他提供根据，使他从我处借用说法，而我却假装不知道，这样来帮助他自夸才智。进说者想向君主进献与人相安的话，就必须用好的名义阐明它，并暗示它合乎君主私利。进说者想要陈述有危害的事，就明言此事会遭到的毁谤，并暗示它对君主也有害处。进说者称赞另一个与君主行为相同的人，规划另一件与君主考虑相同的事。有和君主污行相同的，就必须对它大加粉饰，说它没有害处；有和君主败迹相同的，就必须对它明言掩饰，说他没有过失。君主自夸力量强大时，就不要用他为难的事去压抑他；君主自以为决断勇敢时，就不要用他的过失去激怒他；君主自以为计谋高明时，就不要用他的败绩去使他困窘。进说的主旨没有什么违逆，言辞没有什么抵触，然后就可以充分施展自己的智慧和辩才了。由这条途径得到的，是君主亲近不疑而又能畅所欲言。伊尹做过厨师，百里奚做过奴隶，都是为了求得君主重用。这两个人都是圣人，但还是不能不通过做低贱的事来求得进用，他们的卑下一至于此！假如把我的话看成像厨师和奴隶所讲的一样，而可以采纳来救世，这就不是智能之士感到耻辱的了。经过很长的时间，君主的恩泽已厚，进说者深入谋划不再被怀疑，据理力争不再会获罪，就可以明确剖析利害来成就君主的功业，直接指明是非来端正君主的言行，能这样相互对待，进说就成功了。

从前郑武公想讨伐胡国，故意先把自己的女儿嫁给胡国君主来使他快乐。然后问群臣："我想用兵，哪个国家可以讨伐？"大夫关其思回答说："胡国可以讨伐。"武公发怒而杀了他，说："胡国是兄弟国家，你说讨伐它，是何道理？"胡国君主听说了，认为郑国和自己友好，于是不再防备郑国。后来郑国偷袭了胡国，攻占了它。宋国有个富人，下雨把墙淋塌了，他儿子说："不修的话，必将有盗贼来偷。"邻居的老人也这么说。到了晚上，果然有大量财物被窃。这家富人认为儿子很聪明，却对邻居老人起了疑心。关其思和这位老人的话都恰当，而重的被杀，轻的被怀疑；那么，不是了解情况有困难，而是处理所了解的情况很困难。因此，绕朝的话本是对的，但他在晋国被看成圣人，在秦国却遭杀害，这是不可不注意的。

从前弥子瑕曾受到卫国国君的宠信。卫国法令规定，私自驾驭国君车子的，论罪要处以刖刑。弥子瑕母亲病了，有人抄近路连夜通知弥子瑕，弥子瑕假托君命驾驭君车而出。卫君听说后，却认为他德行好，说："真孝顺啊！为了母亲的缘故，忘了自己会犯刖罪。"另一天，他和卫君在果园游览，吃桃子觉得甜，没有吃完，就把剩下的半个给卫君吃。卫君说："多么爱我啊！不顾自己口味来给我吃。"等到弥子瑕色衰爱弛时，得罪了卫君，卫君说："这人原来就曾假托君命私自驾驭我的车子，又曾经把吃剩的桃子给我吃。"所以，虽然弥子瑕的行为和当初并没两样，但先前被认为德行好而后来获罪的原因，是卫君的爱憎有了变化。所以被君主宠爱时，才智就显得恰当而更受亲近；被君主憎恶时，才智就显得不恰当，遭到谴责而更被疏远。所以进谏谈论的人不可不察看君主的爱憎，然后进说。

龙作为一种动物，驯服时可以戏弄着骑它；但它喉下有一尺来长的逆鳞，假使有人动它的话，就一定会被杀掉。君主也有逆鳞，进说者能不触动君主的逆鳞，就差不多（成功）了。

兼爱（上）

墨 子

原文：

圣人以治天下为事者也，必知乱之所自起，焉能治之；不知乱之所自起，则不能治。譬之如医之攻人之疾者然：必知疾之所自起，焉能攻之；不知疾之所自起，则弗能攻。治乱者何独不然？必知乱之所自起，焉能治之；不知乱之所自起，则弗能治。圣人以治天下为事者也，不可不察乱之所自起。

当察乱何自起？起不相爱。臣子之不孝君父，所谓乱也。子自爱，不爱父，故亏父而自利；弟自爱，不爱兄，故亏兄而自利；臣自爱，不爱君，故亏君而自利，此所谓乱也。虽父之不慈子，兄之不慈弟，君之不慈臣，此亦天下之所谓乱也。父自爱也，不爱子，故亏子而自利；兄自爱也，不爱弟，故亏弟而自利；君自爱也，不爱臣，故亏臣而自利。是何也？皆起不相爱。

虽至天下之为盗贼者亦然：盗爱其室，不爱其异室，故窃异室以利其室。贼爱其身，不爱人，故贼人以利其身。此何也？皆起不相爱。虽至大夫之相乱家，诸侯之相攻国者亦然：大夫各爱其家，不爱异家，故乱异家以利其家。诸侯各爱其国，不爱异国，故攻异国以利其国。天下之乱物，具此而已矣。察此何自起？皆起不相爱。

若使天下兼相爱，爱人若爱其身，犹有不孝者乎？视父兄与君若其身，恶施不孝？犹有不慈者乎？视弟子与臣若其身，恶施不慈？故不孝不慈亡有。犹有盗贼乎？故视人之室若其室，谁窃？视人身若其身，谁贼？故盗贼亡有。犹有大夫之相乱家，诸侯之相攻国者乎？视人家若其家，谁乱？视人国若其国，谁攻？故大夫之相乱家，诸侯之相攻国者亡有。若使天下兼相爱，国与国不相攻，家与家不相乱，盗贼无有，君臣父子皆能孝慈，若此，则天下治。

故圣人以治天下为事者，恶得不禁恶而劝爱。故天下兼相爱则治，交相恶则乱。故子墨子曰："不可以不劝爱人者，此也。"

译文：

圣人以治理天下作为事业，必须知道动乱从何处产生，才能治理它。如果不知道动乱从何产生，就不能治理它。比如医生给人治病，必须知道病的起因，才能治疗，不知道病的起因，就不能治疗一样。治理天下混乱，又何尝不是这样呢？一定要知道乱从何处产生，才能治理好，不知道乱从何处产生，就不能治理好。圣人从事治理天下的事业，就不得不考察乱的起因了。

我曾经考察过产生混乱的起因。起因于人与人之间不相爱。臣对君不忠，子对父不孝，这就是乱。儿子自爱而不爱父亲，所以损害父亲而自得利益。弟弟自爱而不爱兄长，所以损害兄长而自得利益；臣子自爱而不爱君主，所以损害君主而自得利益。这就是所谓的乱！反之，父亲对儿子不慈祥，兄长对弟弟不慈祥，君主对臣子不慈祥，这也是所谓天下之乱的原因。父亲自爱，不爱儿子，所以损害了儿子而自得利益；兄长自爱而不爱弟弟，所以损害了弟弟而自得利益；君主自爱，不爱臣子，所以损害了臣子而自得利益。这是什么原因呢？都是因为不相爱。

即使是天下做盗贼的也是这样。盗贼只爱自己的家，不爱别人的家，所以偷盗别人家而自得利益。盗贼只爱自身，不爱他人，所以抢夺他人身上东西而自得利益。这是什么缘故呢？都是起源于不相爱的缘故。即使是大夫互相侵扰其家，诸侯之间互相攻打其他国也是这样的。大夫各自爱自己的家，不爱别人的家，所以扰乱他人的家而使自家得利。诸侯各自爱自己的国家，不爱别的国家，所以攻打别的国家而使自己国家得利。天下各种乱事，全是这样的。细察它们的起因，都起源于不相爱。

假使天下人都能相爱，爱他人如爱自己，还有不孝的人吗？把父亲兄长和君主看作和自己一样，怎么会不孝呢？还会有不慈爱的人吗？把儿子、弟弟和臣子看作和自己一样，怎么会不慈爱呢？因此，不孝顺不慈爱的人都没有了，还会有盗贼吗？把别人的家看作是自己的家，谁还去偷东西？把别人身上的东西看作和自己身上东西一样，谁还去抢？所以偷抢的盗贼没有了，还会有大夫相乱其家、诸侯之间相互攻打其他国家的事吗？把别人的家看作和自己的家一样，谁还去扰乱？把别国看作与自己的国家一样，谁还去攻打？所以大夫相互侵乱别人的家，诸侯之间相互攻打其他国家的事就没有了。假使天下的人都能相爱，国与国之间就不相互进攻，家与家之间就不相互扰乱，盗贼没有了，君主臣子父亲儿子都能忠孝仁慈，这样，天下就能治理好了。

所以圣人把治理天下作为事业，怎么可以不禁止人民之间相互憎恨而劝导人民之间相爱呢？所以天下人们相亲相爱，天下就能够治理。要是相互憎恨，天下就会混乱。因此墨子说："不可以不劝人民相爱。"就是这个道理。

兼爱（中）

墨 子

原文：

子墨子言曰："仁人之所以为事者，必兴天下之利，除去天下之害，以此为事者也。"然则天下之利何也？天下之害何也？子墨子言曰："今若国之与国之相攻，家之与家之相篡，人之与人之相贼，君臣不惠忠，父子不慈孝，兄弟不和调，此则天下之害也。"

然则崇①此害亦何用生哉？以不相爱生邪？子墨子言："以不相爱生。"今诸侯独知爱其国，不爱人之国，是以不惮举其国，以攻人之国。今家主独知爱其家，而不爱人之家，是以不惮举其家，以篡人之家。今人独知爱其身，不爱人之身，是以不惮举其身，以贼人之身。是故诸侯不相爱，则必野战；家主不相爱，则必相篡；人与人不相爱，则必相贼；君臣不相爱，则不惠忠；父子不相爱，则不慈孝；兄弟不相爱，则不和调。天下之人皆不相爱，强必执弱，富必侮贫，贵必敖②贱，诈必欺愚。凡天下祸篡怨恨，其所以起者，以不相爱生也，是以仁者非之。

既以非之，何以易之？子墨子言曰："以兼相爱、交相利之法易之。"然则兼相爱、交相利之法，将奈何哉？子墨子言："视人之国，若视其国；视人之家，若视其家；视人之身，若视其身。是故诸侯相爱，则不野战；家主③相爱，则不相篡；人与人相爱，则不相贼；君臣相爱，则惠忠；父子相爱，则慈孝；兄弟相爱，则和调。天下之人皆相爱，强不执弱，众不劫寡，富不侮贫，贵不敖贱，诈不欺愚。凡天下祸篡怨恨，可使毋起者，以相爱生也，是以仁者誉之。"

然而今天下之士君子曰："然！乃若兼则善矣；虽然，天下之难物于④故也。"子墨子言曰："天下之士君子，特不识其利、辩其故也。今若夫攻城野战，杀身为名，此天下百姓之所皆难也。苟君说⑤之，则士众能为之。况于兼相爱、交相利，则与此异！夫爱人者，人必从而爱之；利人者，人必从而利之；恶人者，人必从而恶之；害人者，人必从而害之。此何难之有？特上弗以为政，士不以为行故也。"昔者晋文公好士之恶衣，故文公之臣，皆牂羊⑥之裘，韦⑦以带剑，练帛之冠，入以见于君，出以践于朝。是其故何也？君说之，故臣为之也。昔者楚灵王好士细要⑧，故灵王之臣，皆以一饭为节，胁息然后带，扶墙然后起。比期年，朝有黧黑之色。是其故何也？君说之，故臣能之也。昔越王勾践好士之勇，教驯其臣，私令人焚舟失火，试其士曰："越国之宝尽在此！"越王亲自鼓其士而进之。士闻鼓音，破碎⑨乱行，蹈火而死者左右百人有余，越王击金而退之。是故子墨子言曰："乃若夫少食、恶衣、杀身而为名，此天下百姓之所皆难也，若苟君说之，则众能为之；况兼相爱、交相利，与此异矣！夫爱人者，人亦从而爱之；利人者，人亦从而利之；恶人者，人亦从而恶之；害人者，人亦从而害之。此何难之有焉？特⑩君不以为政，而士不以为行故也。"

然而今天下之士君子曰："然！乃若兼则善矣；虽然，不可行之物也。譬若挈太山越河、济也。"子墨子言："是非其譬也。夫挈太山而越河、济，可谓毕劫有力矣。自古及今，未有能行之者也；况乎兼相爱、交相利，则与此异，古者圣王行之。何以知其然？古者禹治天下，西为西河渔窦，以泄渠、孙、皇之水。北为防、原、泒注后⑪之邸，滹池之窦洒为底柱，凿为龙门，以利燕代胡貉与西河之民。东为漏之陆，防孟诸之泽，洒为九浍，以楗东土之水，以利冀州之民。南为江、汉、淮、汝，东流之注五湖之处，以利荆楚、干、越与南夷之民。此言禹之事，吾今行兼矣。昔者文王之治西土，若日若月，乍光于四方，于西土。不为大国侮小国，不为众庶侮鳏寡，不为暴势夺穑人黍稷狗彘。天屑临文王慈，是以老而无子者，有所得终其寿；连⑫独无兄弟者，有所杂于生人之间，少失其父母者，有所放依而长。此文王之事，则吾今行兼矣。昔者武王将事泰山，隧⑬传曰：'泰山，有道曾孙周王有事。大事既获，仁人尚作，以祗⑭商、夏、蛮夷丑貉。虽有周亲，不若仁人，万方有罪，维予一人。'此言武王之事，吾今行兼矣。"

是故子墨子言曰："今天下之士君子，忠实欲天下之富，而恶其贫；欲天下之治，而恶其乱，当兼相爱、交相利。此圣王之法，天下之治道也，不可不务为也。"

（有删节）

译文：

墨子说："仁人处理事务的原则，一定是为天下兴利除害，以此原则来处理事务。"既然如此，那么天下的利是什么，而天下的害又是什么呢？墨子说："现在如国与国之间相互攻伐，家族与家族之间相互掠夺，人与人之间相互残害，君臣之间不相互施惠、效忠，父子之间不相互慈爱、孝敬，兄弟之间不相互融洽、协调，这就都是天下之害。"

既然如此，那么考察这些公害又是因何产生的呢？是因不相爱产生的吗？墨子说:"是因不相爱产生的。"现在的诸侯只知道爱自己的国家,不爱别人的国家,所以毫无忌惮地发动他自己国家的力量,去攻伐别人的国家。现在的家族宗主只知道爱自己的家族,而不爱别人的家族,因而毫无忌惮地发动他自己家族的力量,去掠夺别人的家族。现在的人只知道爱自己,而不爱别人,因而毫无忌惮地运用全身的力量去残害别人。所以诸侯不相爱,就必然发生野战;家族宗主不相爱,就必然相互掠夺;人与人不相爱,就必然相互残害;君与臣不相爱,就必然不相互施惠、效忠;父与子不相爱,就必然不相互慈爱、孝敬;兄与弟不相爱,就必然不相互融洽、协调。天下的人都不相爱,强大的就必然控制弱小的,富足的就必然欺侮贫困的,尊贵的就必然傲视卑贱的,狡猾的就必然欺骗愚笨的。举凡天下祸患、掠夺、埋怨、愤恨产生的原因,都是因不相爱而产生的。所以仁者认为它不对。

既已认为不相爱不对,那用什么去改变它呢?墨子说道:"用人们全都相爱、交互得利的方法去改变它。"既然这样,那么人们全都相爱、交互得利应该怎样做呢?墨子说道:"看待别人国家就像自己的国家,看待别人的家族就像自己的家族,看待别人之身就像自己之身。"所以诸侯之间相爱,就不会发生野战;家族宗主之间相爱,就不会发生掠夺;人与人之间相爱就不会相互残害;君臣之间相爱,就会相互施惠、效忠;父子之间相爱,就会相互慈爱、孝敬;兄弟之间相爱,就会相互融洽、协调。天下的人都相爱,强大者就不会控制弱小者,人多者就不会强迫人少者,富足者就不会欺侮贫困者,尊贵者就不会傲视卑贱者,狡诈者就不会欺骗愚笨者。举凡天下的祸患、掠夺、埋怨、愤恨可以不使它产生的原因,是因为相爱而生产的。所以仁者称赞它。

然而现在天下的士君子们说:"对!兼爱固然是好的。即使如此,它也是天下一件难办的事。"墨子说道:"天下的士君子们,只是不能辨明兼爱的益处、辨明兼爱的缘故。现在例如攻城野战,为成名而杀身,这都是天下的百姓难于做到的事。但假如君主喜欢,那么士众就能做到。而兼相爱、交相利与之相比,则是完全不同的(好事)。凡是爱别人的人,别人也随即爱他;有利于别人的人,别人也随即有利于他;憎恶别人的人,别人也随即憎恶他;损害别人的人,别人随即损害他。实行这种兼爱有什么困难呢?只是由于居上位的人不用它行之于政,士人不用它实之于行的缘故。"从前晋文公喜欢士人穿不好的衣服,所以文公的臣子都穿着母羊皮缝的裘,围着牛皮带来挂佩剑,头戴熟绢作的帽子,(这身打扮)进可以参见君上,出可以往来朝廷。这是什么缘故呢?因为君主喜欢这样,所以臣子就这样做。从前楚灵王喜欢细腰之人,所以灵王的臣下就吃一顿饭来节食,收着气然后才系上腰带，扶着墙然后才站得起来。等到一年，朝廷之臣都（饥瘦得）面有深黑之色。这是什么缘故呢？因为君主喜欢这样，所以臣子能做到这样。从前越王勾践喜爱士兵勇猛，训练他的臣子时，暗地里让人放火烧船，考验他的将士说："越国的财宝全在这船里。"越王亲自擂鼓，让将士前进。将士听到鼓声（争先恐后），打乱了队伍，蹈火而死的达一百人有余。越王于是鸣金让他们退下。所以墨子说道："像少吃饭、穿坏衣、杀身成名，这都是天下百姓难于做到的事。假如君主喜欢它，那么士众就能做到。何况兼相爱、交相利是与此不同的（好事）。爱别人的人，别人也随即爱他；有利于别人的人，别人也随即有利于他；憎恶别人的人，别人也随即憎恶他；损害别人的人，别人也随即损害他。这种兼爱有什么难实行的呢？只是居上位的人不用它行之于政，而士人不用它实之于行的缘故。"

然而现在天下的士君子们说："对！兼爱固然是好的。即使如此，也不可能行之于事，就像要举起泰山越过黄河、济水一样。"墨子说道："这比方不对。举起泰山而越过黄河、济水，可以说是强劲有力的了，但自古及今，没有人能做得到。而兼相爱、交相利与此相比则是完全不同的（可行之事）。古时的圣王曾做到过。怎么知道是这样呢？古时大禹治理天下，西边疏通了西河、渔窦，用来排泄渠水、孙水和皇水；北边疏通防水、原水、泒水，使之注入召之邸和滹沱河，在黄河中的砥柱山分流，凿开龙门以有利于燕、代、胡、貉与西河地区的人民。东边穿泄大陆的迂水，拦入孟诸泽，分为九条河，以此限制东土的洪水，用来利于冀州的人民。南边疏通长江、汉水、淮河、汝水，使之东流入海，以此灌注五湖之地，以利于荆楚、吴越和南夷的人民。这是大禹的事迹，我们现在要用这种精神来实行兼爱。从前周文王治理西土（指岐周），像太阳像月亮一样，射出的光辉照耀四方和西周大地。他不倚仗大国而欺侮小国，不倚仗人多而欺侮鳏寡孤独，不倚仗强暴势力而掠夺农夫的粮食牲畜。上天眷顾文王的慈爱，所以年老无子的人得以寿终，孤苦无兄弟的人可以安聚于人们中间，幼小无父母的人有所依靠而长大成人。这是文王的事迹，我们现在应当用这种精神实行兼爱。从前武王将祭祀泰山，于是陈述说：'泰山！有道曾孙周王有祭事。现在（伐纣的）大事已成功，（太公、周、召）一批仁人起而相助，用以拯救商夏遗民及四方少数民族。即使是至亲，也不如仁人。万方之人有罪，由我一人承当。'这是说周武王的事迹，我们现在应当用这种精神实行兼爱。"

所以墨子说道："现在天下的士君子，（如果）内心确实希望天下富足，而厌恶其贫穷；希望天下治理好，而厌恶其混乱，那就应当全都相爱、交互得利。这是圣王的常法，天下的治道，不可不努力去做。"

注释：

① "祡"为"察"字之误。

② "敖"通"傲"。

③ 家主：家族宗主。

④ "于"为"迁"之假借字。

⑤ "说"通"悦"。

⑥ 牂羊：母羊。

⑦ 韦：熟牛皮。

⑧ 细要：细腰。

⑨ "碎"疑为"阵"字之误。

⑩ 特：只，不过。

⑪ "后"为"召"之误。

⑫ "连"为"矜"之假借字。

⑬ "隧"疑为"遂"字之误。

⑭ 祗：拯救。

兼爱（下）

墨 子

原文：

子墨子言曰："仁人之事者，必务求兴天下之利，除天下之害。"然当今之时，天下之害孰为大？曰：若大国之攻小国也，大家之乱小家也，强之劫弱，众之暴寡，诈之谋愚，贵之敖贱，此天下之害也。又与为人君者之不惠也，臣者之不忠也，父者之不慈也，子者之不孝也，此又天下之害也。又与今人之贱人，执其兵刃毒药水火，以交相亏贼，此又天下之害也。

姑尝本原若众害之所自生。此胡自生？此自爱人、利人生与？即必曰："非然也。"必曰："从恶人、贼人生。"分名乎天下，恶人而贼人者，兼与？别与？即必曰："别也。"然即之交别者，果生天下之大害者与？是故别非也。子墨子曰："非人者必有以易之，若非人而无以易之，譬之犹以水救火①也，其说将必无可矣。"是故子墨子曰："兼以易别。"然即兼之可以易别之故何也？曰：藉②为人之国，若为其国，夫谁独举其国，以攻人之国者哉？为彼者，由为己也。为人之都，若为其都，夫谁独举其都以伐人之都者哉？为彼者犹为己也。为人之家，若为其家，夫谁独举其家以乱人之家者哉？为彼者犹为己也。然即国都不相攻伐，人家不相乱贼，此天下之害与？天下之利与？即必曰天下之利也。

姑尝本原若众利之所自生，此胡自生？此自恶人贼人生与？即必曰："非然也。"必曰："从爱人利人生。"分名乎天下，爱人而利人者，别与？兼与？即必曰："兼也。"然即之交兼者，果生天下之大利者与？是故子墨子曰："兼是也。且乡吾本言曰：'仁人之事者，必务求兴天下之利，除天下之害。'今吾本原兼之所生，天下之大利者也；今吾本原别之所生，天下之大害者也。"是故子墨子曰："别非而兼是者。"出乎若方也。

今吾将正③求与④天下之利而取之，以兼为正，是以聪耳明目相与⑤视听乎？是以股肱毕强相为动宰乎？⑥而有道肆⑦相教诲，是以老而无妻子者，有所侍养以终其寿；幼弱孤童之无父母者，有所放依以长其身。今唯毋以兼为正，即若其利也。不识天下之士，所以皆闻兼而非者，其故何也？

然而天下之士，非兼者之言犹未止也。曰："即善矣！虽然，岂可用哉？"

子墨子曰："用而不可，虽我亦将非之；且焉有善而不可用者。"姑尝两而进⑧之。谁⑨以为二士，使其一士者执别，使其一士者执兼。是故别士之言曰："吾岂能为吾友之身，若为吾身？为吾友之亲，若为吾亲？"是故退睹其友，饥即不食，寒即不衣，疾病不侍养，死丧不葬埋。别士之言若此，行若此。兼士之言不然，行亦不然。曰："吾闻高士于天下者，必为其友之身，若为其身；为其友之亲，若为其亲。然后可以为高士于天下。"是故退睹其友，饥则食之，寒则衣之，疾病侍养之，死丧葬埋之，兼士之言若此，行若此。若之二士者，言相非而行相反与？当使若二士者，言必信，行必果，使言行之合，犹合符节也，无言而不行也。然即敢问：今有平原广野于此，被甲婴胄，将往战，死生之权未可识也；又有君大夫之远使于巴、越、齐、荆，往来及否，未可识也。然即敢问：不识将恶也家室，奉承亲戚、提挈妻子而寄托之，不识于兼之有是乎？于别之有是乎？我以为当⑩其于此也，天下无愚夫愚妇，虽非兼之人，必寄托之于兼之有是也。此言而非兼，择即取兼，即此言行费⑪也。不识天下之士，所以皆闻兼而非之者，其故何也？

然而天下之士，非兼者之言，犹未止也。曰："意可以择士，而不可以择君乎？"姑尝两而进之，谁⑫以为二君，使其一君者执兼，使其一君者执别。是故别君之言曰："吾恶能为吾万民之身，若为吾身？此泰⑬非天下之情也。人之生乎地上之无几何也，譬之犹驷驰而过隙也。"是故退睹其万民，饥即不食，寒即不衣，疲病不侍养，死丧不葬埋。别君之言若此，行若此。兼君之言不然，行亦不然，曰："吾闻为明君于天下者，必先万民之身，后为其身，然后可以为明君于天下。"是故退睹其万民，饥即食之，寒即衣之，疾病侍养之，死丧葬埋之。兼君之言若此，行若此。然即交若之二君者，言相非而行相反与？常使若二君者，言必信，行必果，使言行之合，犹合符节也，无言而不行也。然即敢问：今岁有疠疫⑭，万民多有勤苦冻馁，转死沟壑中者，既已众矣。不识将择之二君者，将何从也？我以为当其于此也，天下无愚夫愚妇，虽非兼者，必从兼君是也。言而非兼，择即取兼，此言行拂也。不识天下所以皆闻兼而非之者，其故何也？

然而天下之士非兼者之言，犹未止也。曰："兼即仁矣，义矣；虽然，岂可为哉？吾譬兼之不可为也，犹挈泰山以超江、河也。故兼者，直愿之也，夫岂可为之物哉？"子墨子曰："夫挈泰山以超江、河，自古之及今，生民而来，未尝有也。今若夫兼相爱、交相利，此自先圣六王者亲行之。"何知先圣六王之亲行之也？子墨子曰："吾非与之并世同时，亲闻其声，见其色也；以其所书于竹帛、镂于金石、琢于盘盂，传遗后世子孙者知之。"《泰誓》曰："文王若日若月乍照，光于四方，于西土。"即此言文王之兼爱天下之博大也；譬之日月，兼照天下之无有私也。即此文王兼也；虽子墨子之所谓兼者，于文王取法焉！

且不唯《泰誓》为然，虽《禹誓》即亦犹是也。禹曰："济济有众，咸听朕言！非惟小子，敢行称乱。蠢兹有苗，用天之罚。若予既率尔群对诸群⑮，以征有苗。"禹之征有苗也，非以求以重富贵，干福禄，乐耳目也；以求兴天下之利，除天下之害。即此禹兼也；虽子墨子之所谓兼者，于禹求焉。

且不唯《禹誓》为然，虽《汤说》即亦犹是也。汤曰："惟予小子履，敢用玄牡。告于上天后曰：今天大旱，即当朕身履，未知得罪于上下。有善不敢蔽，有罪不敢赦，简在帝心，万方有罪，即当朕身；朕身有罪，无及万方。"即此言汤贵为天子，富有天下，然且不惮以身为牺牲，以词说于上帝鬼神。即此汤兼也；虽子墨子之所谓兼者，于汤取法焉。

且不惟誓命与汤说为然，《周诗》即亦犹是也。《周诗》曰："王道荡荡，不偏不党；王道平平，不党不偏。其直若矢，其易若砥⑯。君子之所履，小人之所视。"若吾言非语道之谓也，古者文、武为正均分，赏贤罚暴，勿有亲戚弟兄之所阿⑰。即此文、武兼也，虽子墨子之所谓兼者，于文、武取法焉。不识天下之人，所以皆闻兼而非之者，其故何也？

然而天下之非兼者之言，犹未止。曰："意不忠亲之利，而害为孝乎？"子墨子曰："姑尝本原之孝子之为亲度者。吾不识孝子之为亲度者，亦欲人爱、利其亲与？意欲人之恶、贼其亲与？以说观之，即欲人之爱、利其亲也。然即吾恶先从事即得此？若我先从事乎爱利人之亲，然后人报我以爱利吾亲乎？意我先从事乎恶人之亲，然后人报我以爱利吾亲乎？即必吾先从事乎爱利人之亲，然后人报我以爱利吾亲也。然即之交孝子者，果不得已乎？毋先从事爱利人之亲与？意以天下之孝子为遇，而不足以为正乎？姑尝本原之。先王之所书，《大雅》之所道曰："无言而不雠，无德而不报，投我以桃，报之以李。"即此言爱人者必见爱也，而恶人者必见恶也。不识天下之士，所以皆闻兼而非之者，其故何也？

意以为难而不可为邪？尝有难此而可为者，昔荆灵王好小要，当灵王之身，荆国之士饭不逾乎一，固据而后兴，扶垣而后行。故约食为其难为也，然后为，而灵王说之；未逾于世而民可移也，即求以乡其上也。昔者越王勾践好勇，教其士臣三年，以其知为未足以知之也，焚舟失火，鼓而进之，其士偃前列，伏水火而死有不可胜数也。当此之时，不鼓而退也，越国之士，可谓颤⑱矣。故焚身为其难为也，然后为之，越王说之，未逾于世，而民可移也，即求以乡其上也。昔者晋文公好粗服。当文公之时，晋国之士，大布之衣，牂羊之裘，练帛之冠，且粗之屦，入见文公，出以践之朝。故粗服为其难为也，然后为，而文公说之，未逾于世，而民可移也，即求以乡其上也。是故约食焚舟粗服，此天下之至难为也，然后为而上说之，未逾于世，而民可移也。何故也？即求以乡其上也。今若夫兼相爱、交相利，此其有利，且易为也，不可胜计也，我以为则无有上说之者而已矣。苟有上说之者，劝之以赏誉，威之以刑罚，我以为人之于就兼相爱、交相利也，譬之犹火之就上、水之就下也，不可防止于天下。

故兼者，圣王之道也，王公大人之所以安也，万民衣食之所以足也，故君子莫若审兼而务行之。为人君必惠，为人臣必忠；为人父必慈，为人子必孝，为人兄必友，为人弟必悌。故君子莫若欲为惠君、忠臣、慈父、孝子、友兄、悌弟，当若兼之，不可不行也，此圣王之道，而万民之大利也。

译文：

墨子说道："仁人的事业，应当努力追求兴起天下之利，除去天下之害。"然而在现在，天下之害，什么算是最大的呢？回答说："例如大国攻伐小国，大家族侵扰小家族，强大者强迫弱小者，人多者虐待人少者，狡诈者算计愚笨者，尊贵者傲视卑贱者，这就是天下的祸害。又如，做国君的不仁惠，做臣下的不忠诚，做父亲的不慈爱，做儿子的不孝敬，这又都是天下的祸害。又如，现在的贱民拿着兵刃、毒药、水火，用来相互残害，这又是天下的祸害。

姑且试着推究这许多祸害产生的根源。这是从哪儿产生的呢？这是从爱别人利别人产生的？则必然要说不是这样的，必然要说是从憎恶别人、残害别人产生的。辨别一下名目：世上憎恶别人和残害别人的人，是兼（相爱）还是别（相恶）呢？则必然要说是别（相恶）。既然如此，那么这种别相恶可不果然是产生天下大害的原因！所以别（相恶）是不对的。墨子说："如果以别人为不对，那就必须有东西去替代它，如果说别人不对而又没有东西去替代它，就好像用水救水、用火救火。这种说法将必然是不对的。"所以墨子说："要用兼（相爱）来取代别（相恶）。"既然如此，那么可以用兼（相爱）来替换别（相恶）的原因何在呢？回答说："假如对待别人的国家，像治理自己的国家，谁还会动用本国的力量，用以攻伐别人的国家呢？为着别国如同为着本国一样。对待别人的都城，像治理自己的都城，谁还会动用自己都城的力量，用以攻伐别人的都城呢？对待别人就像对待自己。对待别人的家族，就像对待自己的家族，谁还会动用自己的家族，用以侵扰别人的家族呢？对待别人就像对待自己。既然如此，那么国家、都城不相互攻伐，个人、家族不相互侵扰残害，这是天下之害还是天下之利呢？则必然要说是天下之利。

姑且试着推究这些利是如何产生的。这是从哪儿产生的呢？这是从憎恶人残害人产生的吗？则必然要说不是这样的，必然要说是从爱人利人产生的。辨别一下名目，世上爱人利人的，是别（相恶）还是兼（相爱）呢？则必然要说是兼（相爱）。既然如此，那么这种兼相爱可不果然是产生天下大利的原因！所以墨子说："兼是对的。"而且从前我曾说过："仁人之事，必然努力追求兴起天下之利，除去天下之害。"现在我推究由兼（相爱）产生的，都是天下的大利；我推究由别（相恶）所产生的，都是天下的大害。所以墨子说别（相恶）不对，兼（相爱）对，就是出于这个道理。

现在我将寻求兴起天下之利的办法而采取它，以兼（相爱）来施政。所以大家都耳聪目明相互帮助视听，所以大家都用坚强有力的手足相互协助！而有好的方法努力互相教导，因此年老而没有妻室子女的，有所奉养而终其天年；幼弱孤童没有父母的，有所依傍而长大其身。现在以兼（相爱）来施政，则其利如此。不知道天下之士听到兼（相爱）之说而加以非议，这是什么缘故呢？

然而天下的士子，非议兼（相爱）的言论还没有中止，说："兼（相爱）即使是好的，但是，难道可以应用它吗？"

墨子说："如果不可应用，即使我也要批评它，但哪有好的东西不能应用的呢？"姑且试着让主张"兼"和主张"别"的两种人各尽其见。假设有两个士子，其中一士主张别（相恶），另一士主张兼（相爱）。主张别（相恶）的士子说："我怎么能看待我朋友的身体，就像我的身体；看待我朋友的双亲，就像我的双亲。"所以他返身看到他朋友饥饿时，即不给他吃；受冻时，即不给他穿；有病时，不服侍疗养；死亡后，不给葬埋。主张别（相恶）的士子言论如此，行为如此。主张兼（相爱）的士子言论不是这样，行为也不是这样。他说："我听说作为天下的高士，必须对待朋友之身如自己之身，看待朋友的双亲如自己的双亲。这以后就可以成为天下的高士。"所以他看到朋友饥饿时就给他吃，受冻时就给他穿，疾病时前去服侍，死亡后给予葬埋。主张兼（相爱）的士人的言论如此，行为也如此。这两个士子，言论相非而行为相反吗？假使这两个士子，言出必信，行为必果，他们的言与行就像符节一样符合，没有什么话不能实行。既然如此，那么请问：现在这里有一平原旷野，人们将披甲戴盔前往作战，死生之变不可预知；又有国君的大夫出使遥远的巴、越、齐、楚，去后能否回来不可预知。那么请问：他要托庇家室，奉养父母，寄顿自己的妻子，究竟是去拜托那主张兼（相爱）的人还是去拜托那主张别（相恶）的人呢？我认为在这个时候，无论天下的愚夫愚妇，即使反对兼（相爱）的人，也必然要寄托给主张兼（相爱）的人。说话否定兼（相爱），（找人帮忙）却选择兼（相爱）的人，这就是言行相违背。我不知道天下的人都听到兼（相爱）而非议它的做法，原因在哪里？

然而天下的士子，攻击兼爱的言论还是没有停止，说道："或许可以用这种理论选择士人，但却不可以用它选择国君吧？"姑且试着让两者各尽其见。假设这里有两个国君，其中一个主张"兼"的观点，另一个主张"别"的观点。所以主张"别"的国君会说："我怎能对待我的万民之身，就对待自己之身呢？这太不合天下人的情理了。人生在世上并没有多少时间，就好像马车奔驰经过缝隙那样短暂。"所以他返身看到他的万民挨饿就不给吃，受冻就不给穿，有疾病就不给疗养，死亡后不给葬埋。主张"别"的国君的言论如此，行为如此。主张"兼"的国君的言论不是这样，行为也不是这样。他说："我听说在天下做一位明君，必须先看重万民之身，然后才看重自己之身，这以后才可以在天下做一位明君。"所以他返身看到他的百姓挨饿就给他吃，受冻就给他穿，生了病就给他疗养，死亡后就给予埋葬。主张"兼"的君主的言论如此，行为如此。既然这样，那么这两个国君，言论相非而行为相反？假使这两个国君，言必信，行必果，使言行符合得像符节一样，没有说过的话不能实现。既然如此，那么请问：假如今年有瘟疫，万民大多因劳苦和冻饿而辗转死于沟壑之中的，已经很多了。不知道从这两个国君中选择一位，将会跟随哪一位呢？我认为在这个时候，无论天下的愚夫愚妇，即使是反对兼爱的人，也必定跟随主张"兼"的国君了。在言论上反对"兼"，而在选择时则采用"兼"，这就是言行相违背。不知道天下的人听到"兼"的主张而非难它的做法，其原因是什么。

然而天下的士子，非难兼爱的言论还是没有停止，说道："兼爱算得上是仁，也算得上是义了。即使如此，难道可以做得到吗？我打个比方，兼爱的行不通，就像提举泰山超越长江、黄河一样。所以兼爱只不过是一种愿望而已，难道是做得到的事吗？"墨子说："提举泰山超越长江、黄河，自古及今，生民以来，还不曾不过。现在至于说兼相爱、交相利，这则是自先圣六王就亲自实行过的。"怎么知道先圣六王亲自实行了呢？墨子说："我并不和他们处于同一时代，能亲自听到他们的声音，亲眼见到他们的容貌，我是从他们书写在简帛上、镂刻在钟鼎石碑上、雕琢在盘盂上，并留给后世子孙的文献中知道这些的。"《泰誓》上说："文王像太阳、像月亮一样照耀，光辉遍及四方，遍及西周大地。"这就是说文王兼爱天下的广大，好像太阳、月亮兼照天下，而没有偏私。这就是文王的兼爱。即使墨子所说的兼爱，也是从文王那里取法的！

而且不只《泰誓》这样记载，即使《禹誓》也这样说。大禹说："你们众位士子，都听从我的话：不是我小子敢横行作乱，而是苗民在蠢动，因而上天对他们降下惩罚。现在我率领众邦的各位君长，去征讨有苗。"大禹征讨有苗，不是为求取和看重富贵，也不是干求福禄，使耳目享受声色之乐，而是为了追求兴起天下的利益，除去天下的祸害。这就是大禹的兼爱。即使墨子所说的兼爱，也是从大禹那里取法的！

　　而且并不只《禹誓》这样记载，即使《汤说》也是如此，汤说："我小子履，敢用黑色的公牛，祭告于皇天后土说：'现在天大旱，我自己也不知道什么缘故得罪了天地。于今有善不敢隐瞒，有罪也不敢宽饶，这一切都鉴察在上天的心里。万方有罪，由我一人承担；我自己有罪，不要累及万方。'"这说的是商汤贵为天子，富有天下，然而尚且不惜以身作为牺牲祭品，用言辞向上天鬼神祷告。这就是商汤的兼爱，即使墨子的兼爱，也是从汤那里取法的。

　　而且不只大禹的誓言和商汤的言辞是这样，《周诗》也有这类的话。《周诗》上说："王道荡荡，不偏私不结党；王道平平，不结党不偏私；君子在王道上引导，小人在后面望着行。"如果以我所说的话不符合道，则古时周文王、周武王为政公平，赏贤罚暴，不偏私父母兄弟。这就是周文王、武王的兼爱，即使墨子所说的兼爱，也是从文王、武王那里取法的。不知道天下的人一听到兼爱就非难，究竟是什么原因。

　　然而天下的人非难主张兼爱者的言论，还是没有终止，说道："抑或这不符合双亲之利，而有害于孝道吧？"墨子说：姑且试着推究孝子为双亲考虑的本心，我不知道孝子为双亲考虑，是希望别人爱护和有利于他的双亲呢还是希望憎恶、残害他的双亲呢？按照常理来看，当然希望别人爱护和有利于他的双亲。既然如此，那么怎样从事才能得到这个呢？假若我先从事于爱护和有利于别人的双亲，然后别人报我以爱护和有利于我的双亲呢；还是我先从事于憎恶别人的双亲，然后别人报我以爱护和有利于我的双亲呢？则必然是我先从事于爱护和有利于别人的双亲，然后别人报我以爱护和有利于我的双亲。然则这一交相利的孝子，果真是出于不得已，才先从事于爱护和有利于别人的双亲呢，还是以为天下的孝子都是笨人，完全不值得善待呢？姑且试着探究这一问题。先王的书《大雅》说道："没有什么话不听用，没有什么德不报答。你投给我桃，我报给你李。"这就是说爱人的必被人爱，而憎恶人的必被人憎恶。不知天下的人，一听到兼爱就非难，究竟原因在哪里。

　　抑或认为困难而做不到吗？曾有比这更困难而可做到的。从前楚灵王喜欢细腰。当灵王在世时，楚国的士人每天吃饭不超过一次，用力扶稳后才能站起，扶着墙壁然后才能走路。所以节食本是他们难于做到的，然而这样做后灵王喜欢，所以没有经过多久时间，民风可以转移。则这无非是为迎合君主之意罢了。从前越王勾践喜欢勇猛，训练他的将士三年，认为自己还不知道效果如何，于是故意放火烧船，擂鼓命将士前进。他的将士前仆后继，倒身于水火之中而死的不计其数。当这个时候，如停止擂鼓而撤退的话，越国的将士可以说害怕的了。所以说焚身是很难的事，这以后却做到了。因为越王喜欢它，所以没经过很久时间，民风可以转移，这是为追求迎合君主罢了。从前晋文公喜欢穿粗布衣，当文公在世时，晋国的人士都穿大布的衣和母羊皮的裘，戴厚帛做的帽子，穿粗糙的鞋子，（这身打扮）进可见晋文公，出可在朝廷来往。所以穿粗陋的衣服是难做到的事，然而因为文公喜欢，没过多长时间，民风可以转移，这是为追求迎合君主罢了。所以说节食、焚舟、穿粗陋衣服，这本是天下最难做的事，然而这样做后可使君主喜欢，因此没过多长时间，民风可以转移，这是什么缘故呢？这是为追求迎合君主罢了。现在至于兼相爱、交相利，这是有利而容易做到，并且不可胜数的事。我认为只是没有君上的喜欢罢了，只要有君上喜欢，用奖赏称赞来勉励大众，用刑罚来威慑大众，我认为众人对于兼相爱、交相利，会像火一样的向上，水一样的向下，在天下是不可防止得住的。

所以说兼爱是圣王的大道，王公大人因此得到安稳，万民衣食因此得到满足。所以君子最好审察兼爱的道理而努力实行它。做人君的必须仁惠，做人臣的必须忠诚，做人父的必须慈爱，做人子的必须孝敬，做人兄的必须友爱其弟，做人弟的必须敬顺兄长。所以君子假如想要做仁惠之君、忠诚之臣、慈爱之父、孝敬之子、友爱之兄、敬顺之弟，对于兼爱就不可不去实行。这是圣王的大道，也是万民最大的利益。

注释：

① "以水救火"：当做"以水救水，以火救火"。

② 藉：假如。

③ 此句疑"正"字当删。

④ "与"为"兴"字之误。

⑤ "与"为"为"字之误。

⑥ "毕强"即"毕劫"，"动"为"助"字之误。

⑦ 道：方法；肆：努力。

⑧"进"为"尽"之假借字。

⑨"谁"为"设"字之误。

⑩当:在。

⑪"费"通"拂"。

⑫"谁"为"设"字之误。

⑬"泰"通"太"。

⑭疠疫:瘟疫。

⑮"若"疑为"兹"之误。"既"为"即"假借字。"群对诸群"当为"群邦诸辟"。

⑯"厎"即"砥"。

⑰阿:私。

⑱"颤"读为"惮"。

五 蠹

韩非子

原文：

　　上古之世，人民少而禽兽众，人民不胜禽兽虫蛇。有圣人作，构木为巢以避群害，而民悦之，使王天下，号之曰有巢氏。民食果蓏蚌蛤，腥臊恶臭而伤害腹胃，民多疾病。有圣人作，钻燧取火以化腥臊，而民说之，使王天下，号之曰燧人氏。中古之世，天下大水，而鲧、禹决渎。近古之世，桀、纣暴乱，而汤、武征伐。今有构木钻燧于夏后氏之世者，必为鲧、禹笑矣；有决渎于殷、周之世者，必为汤、武笑矣。然则今有美尧、舜、汤、武、禹之道于当今之世者，必为新圣笑矣。是以圣人不期修古，不法常可，论世之事，因为之备。宋人有耕田者，田中有株，兔走触株，折颈而死，因释其耒而守株，冀复得兔，兔不可复得，而身为宋国笑。今欲以先王之政，治当世之民，皆守株之类也。

　　古者丈夫不耕，草木之实足食也；妇人不织，禽兽之皮足衣也。不事力而养足，人民少而财有余，故民不争。是以厚赏不行，重罚不用，而民自治。今人有五子不为多，子又有五子，大父未死而有二十五孙。是以人民众而货财寡，事力劳而供养薄，故民争，虽倍赏累罚而不免于乱。

　　尧之王天下也，茅茨不翦，采椽不斫；粝粢之食，藜藿之羹；冬日麑裘，夏日葛衣；虽监门之服养，不亏于此矣。禹之王天下也，身执耒锸以为民先，股无胈，胫不生毛，虽臣虏之劳，不苦于此矣。以是言之，夫古之让天子者，是去监门之养，而离臣虏之劳也，古传天下而不足多也。今之县令，一日身死，子孙累世絜驾，故人重之。是以人之于让也，轻辞古之天子，难去今之县令者，薄厚之实异也。夫山居而谷汲者，膢腊而相遗以水；泽居苦水者，买庸而决窦。故饥岁之春，幼弟不饷；穰岁之秋，疏客必食。非疏骨肉爱过客也，多少之实异也。是以古之易财，非仁也，财多也；今之争夺，非鄙也，财寡也。轻辞天子，非高也，势薄也；重争士橐，非下也，权重也。故圣人议多少、论薄厚为之政。故罚薄不为慈，诛严不为戾，称俗而行也。故事因于世，而备适于事。

　　古者文王处丰、镐之间，地方百里，行仁义而怀西戎，遂王天下。徐偃王处汉东，地方五百里，行仁义，割地而朝者三十有六国。荆文王恐其害己也，举兵伐徐，遂灭之。故文王行仁义而王天下，偃王行仁义而丧其国，是仁义用于古而不用于今也。故曰：世异则事异。当舜之时，有苗不服，禹将伐之。舜曰："不可。上德不厚而行武，非道也。"乃修教三年，执干戚舞，有苗乃服。共工之战，铁铦短者及乎敌，铠甲不坚者伤乎体。是干戚用于古不用于今也。故曰：事异则备变。上古竞于道德，中世逐于智谋，当今争于气力。齐将攻鲁，鲁使子贡说之。齐人曰："子言非不辩也，吾所欲者土地也，非斯言所谓也。"遂举兵伐鲁，去门十里以为界。故偃王仁义而徐亡，子贡辩智而鲁削。以是言之，夫仁义辩智，非所以持国也。去偃王之仁，息子贡之智，循徐、鲁之力使敌万乘，则齐、荆之欲不得行于二国矣。

夫古今异俗，新故异备。如欲以宽缓之政，治急世之民，犹无辔策而御骅马，此不知之患也。今儒、墨皆称先王兼爱天下，则视民如父母。何以明其然也？曰："司寇行刑，君为之不举乐；闻死刑之报，君为流涕。"此所举先王也。夫以君臣为如父子则必治，推是言之，是无乱父子也。人之情性莫先于父母，皆见爱而未必治也，虽厚爱矣，奚遽不乱？今先王之爱民，不过父母之爱子，子未必不乱也，则民奚遽治哉？且夫以法行刑，而君为之流涕，此以效仁，非以为治也。夫垂泣不欲刑者，仁也；然而不可不刑者，法也。先王胜其法，不听其泣，则仁之不可以为治亦明矣。

且民者固服于势，寡能怀于义。仲尼，天下圣人也，修行明道以游海内，海内说其仁、美其义而为服役者七十人。盖贵仁者寡，能义者难也。故以天下之大，而为服役者七十人，而仁义者一人。鲁哀公，下主也，南面君国，境内之民莫敢不臣。民者固服于势，势诚易以服人，故仲尼反为臣而哀公顾为君。仲尼非怀其义，服其势也。故以义则仲尼不服于哀公，乘势则哀公臣仲尼。今学者之说人主也，不乘必胜之势，而务行仁义则可以王，是求人主之必及仲尼，而以世之凡民皆如列徒，此必不得之数也。

今有不才之子，父母怒之弗为改，乡人谯之弗为动，师长教之弗为变。夫以父母之爱、乡人之行、师长之智，三美加焉，而终不动，其胫毛不改。州部之吏，操官兵，推公法，而求索奸人，然后恐惧，变其节，易其行矣。故父母之爱不足以教子，必待州部之严刑者，民固骄于爱、听于威矣。故十仞之城，楼季弗能逾者，峭也；千仞之山，跛牂易牧者，夷也。故明王峭其法而严其刑也。布帛寻常，庸人不释；铄金百镒，盗跖不掇。不必害，则不释寻常；必害手，则不掇百镒。故明主必其诛也。是以赏莫如厚而信，使民利之；罚莫如重而必，使民畏之；法莫如一而固，使民知之。故主施赏不迁，行诛无赦，誉辅其赏，毁随其罚，则贤、不肖俱尽其力矣。

今则不然。以其有功也爵之，而卑其士官也；以其耕作也赏之，而少其家业也；以其不收也外之，而高其轻世也；以其犯禁也罪之，而多其有勇也。毁誉、赏罚之所加者，相与悖缪也，故法禁坏而民愈乱。今兄弟被侵，必攻者，廉也；知友被辱，随仇者，贞也。廉贞之行成，而君上之法犯矣。人主尊贞廉之行，而忘犯禁之罪，故民程于勇，而吏不能胜也。不事力而衣食，则谓之能；不战功而尊，则谓之贤。贤能之行成，而兵弱而地荒矣。人主说贤能之行，而忘兵弱地荒之祸，则私行立而公利灭矣。

儒以文乱法，侠以武犯禁，而人主兼礼之，此所以乱也。夫离法者罪，而诸先王以文学取；犯禁者诛，而群侠以私剑养。故法之所非，君之所取；吏之所诛，上之所养也。法、趣、上、下，四相反也，而无所定，虽有十黄帝不能治也。故行仁义者非所誉，誉之则害功；文学者非所用，用之则乱法。楚之有直躬，其父窃羊，而谒之吏。令尹曰："杀之！"以为直于君而曲于父，报而罪之。以是观之，夫君之直臣，父子暴子也。鲁人从君战，三战三北。仲尼问其故，对曰："吾有老父，身死莫之养也。"仲尼以为孝，举而上之。以是观之，夫父之孝子，君之背臣也。故令尹诛而楚奸不上闻，仲尼赏而鲁民易降北。上下之利，若是其异也，而人主兼举匹夫之行，而求致社稷之福，必不几矣。

昔者仓颉之作书也，自环者谓之私，背私谓之公，公私之相背也，乃仓颉固以知之矣。今以为同利者，不察之患也。然则为匹夫计者，莫如修行义而习文学。行义修则见信，见信则受事；文学习则为明师，为明师则显荣：此匹夫之美也。然则无功而受事，无爵而显荣，为有政如此，则国必乱，主必危矣。故不相容之事，不两立也。斩敌者受赏，而高慈惠之行；拔城者受爵禄，而信廉爱之说；坚甲厉兵以备难，而美荐绅之饰；富国以农，距敌恃卒，而贵文学之士；废敬上畏法之民，而养游侠私剑之属。举行如此，治强不可得也。国平养儒侠，难至用介士，所利非所用，所用非所利。是故服事者简其业，而游学者日众，是世之所以乱也。

且世之所谓贤者，贞信之行也；所谓智者，微妙之言也。微妙之言，上智之所难知也。今为众人法，而以上智之所难知，则民无从识之矣。故糟糠不饱者不务粱肉，短褐不完者不待文绣。夫治世之事，急者不得，则缓者非所务也。今所治之政，民间之事，夫妇所明知者不用，而慕上知之论，则其于治反矣。故微妙之言，非民务也。若夫贤良贞信之行者，必将贵不欺之士；不欺之士者，亦无不欺之术也。布衣相与交，无富厚以相利，无威势以相惧也，故求不欺之士。今人主处制人之势，有一国之厚，重赏严诛，得操其柄，以修明术之所烛，虽有田常、子罕之臣，不敢欺也，奚待于不欺之士？今贞信之士不盈于十，而境内之官以百数，必任贞信之士，则人不足官。人不足官，则治者寡而乱者众矣。故明主之道，一法而不求智，固术而不慕信，故法不败，而群官无奸诈矣。

今人主之于言也，说其辩而不求其当焉；其用于行也，美其声而不责其功。是以天下之众，其谈言者务为辩而不周于用，故举先王言仁义者盈廷，而政不免于乱；行身者竞于为高而不合于功，故智士退处岩穴，归禄不受，而兵不免于弱，政不免于乱，此其故何也？民之所誉，上之所礼，乱国之术也。今境内之民皆言治，藏商、管之法者家有之，而国愈贫；言耕者众，执耒者寡也；境内皆言兵，藏孙、吴之书者家有之，而兵愈弱，言战者多，被甲者少也。故明主用其力，不听其言；赏其功，必禁无用。故民尽死力以从其上。夫耕之用力也劳，而民为之者，曰：可得以富也。战之为事也危，而民为之者，曰：可得以贵也。今修文学，习言谈，则无耕之劳而有富之实，无战之危而有贵之尊，则人孰不为也？是以百人事智而一人用力。事智者众，则法败；用力者寡，则国贫，此世之所以乱也。

故明主之国，无书简之文，以法为教；无先王之语，以吏为师；无私剑之悍，以斩首为勇。是境内之民，其言谈者必轨于法，动作者归之于功，为勇者尽之于军。是故无事则国富，有事则兵强，此之谓王资。既畜王资而承敌国之衅，超五帝侔三王者，必此法也。

今则不然，士民纵恣于内，言谈者为势于外，外内称恶，以待强敌，不亦殆乎！故群臣之言外事者，非有分于从衡之党，则有仇雠之患，而借力于国也。从者，合众弱以攻一强也；而衡者，事一强以攻众弱也：皆非所以持国也。今人臣之言衡者，皆曰："不事大，则遇敌受祸矣。"事大未必有实，则举图而委，效玺而请矣。献图则地削，效玺则名卑，地削则国削，名卑则政乱矣。事大为衡，未见其利也，而亡地乱政矣。人臣之言从者，皆曰："不救小而伐大，则失天下，失天下则国危，国危而主卑。"救小未必有实，则起兵而敌大矣。救小未必能存，而交大未必不有疏，有疏则为强国制矣。出兵则军败，退守则城拔。救小为从，未见其利，而亡地败军矣。是故事强，则以外权市官于内；救小，则以内重求利于外。国利未立，封土厚禄至矣；主上虽卑，人臣尊矣；国地虽削，私家富矣。事成，则以权长重；事败，则以富退处。人主之听说于其臣，事未成则爵禄已尊矣；事败而弗诛，则游说之士孰不为用矰缴之说而徼其后？故破国亡主以听言谈者之浮说。此其故何也？是人君不明乎公私之利，不察当否之言，而诛罚不必其后也。皆曰："外事，大可以王，小可以安。"夫王者，能攻人者也；而安，则不可攻也。强，则能攻人者也；治，则不可攻也。治强不可责于外，内政之有也。今不行法术于内，而事智于外，则不至于治强矣。

鄙谚曰:"长袖善舞,多钱善贾。"此言多资之易为工也。故治强易为谋,弱乱难为计。故用于秦者,十变而谋希失;用于燕者,一变而计希得。非用于秦者必智,用于燕者必愚也,盖治乱之资异也。故周去秦为从,期年而举;卫离魏为衡,半岁而亡。是周灭于从,卫亡于衡也。使周、卫缓其从衡之计,而严其境内之治,明其法禁,必其赏罚,尽其地力以多其积,致其民死以坚其城守,天下得其地则其利少,攻其国则其伤大,万乘之国莫敢自顿于坚城之下,而使强敌裁其弊也,此必不亡之术也。舍必不亡之术而道必灭之事,治国者之过也。智困于外而政乱于内,则亡不可振也。

民之正计,皆就安利如辟危穷。今为之攻战,进则死于敌,退则死于诛,则危矣。弃私家之事而必汗马之劳,家困而上弗论,则穷矣。穷危之所在也,民安得勿避?故事私门而完解舍,解舍完则远战,远战则安。行货赂而袭当涂者则求得,求得则私安,私安则利之所在,安得勿就?是以公民少而私人众矣。

夫明王治国之政,使其商工游食之民少而名卑,以寡趣本务而趋末作。今世近习之请行,则官爵可买;官爵可买,则商工不卑也矣。奸财货贾得用于市,则商人不少矣。聚敛倍农而致尊过耕战之士,则耿介之士寡而高价之民多矣。

是故乱国之俗:其学者,则称先王之道以籍仁义,盛容服而饰辩说,以疑当世之法,而贰人主之心。其言谈者,为设诈称,借于外力,以成其私,而遗社稷之利。其带剑者,聚徒属,立节操,以显其名,而犯五官之禁。其患御者,积于私门,尽货赂,而用重人之谒,退汗马之劳。其商工之民,修治苦窳之器,聚弗靡之财,蓄积待时,而侔农夫之利。此五者,邦之蠹也。人主不除此五蠹之民,不养耿介之士,则海内虽有破亡之国,削灭之朝,亦勿怪矣。

译文:

在上古时代,人口稀少,鸟兽众多,人民受不了禽兽虫蛇的侵害。这时候出现了一位圣人,他发明在树上架木做巢居住来避免遭到各种伤害,人们因此很爱戴他,推举他来治理天下,称他为有巢氏。当时人民吃的是野生的瓜果和蚌蛤,腥臊腐臭,伤害肠胃,许多人得了疾病。这时候又出现了一位圣人,他发明钻木取火的方法烧烤食物,除掉腥臊臭味,人们因而很爱戴他,推举他治理天下,称他为燧人氏。到了中古时代,天下洪水泛滥,鲧和他的儿子禹先后负责疏通河道,排洪治灾。近古时代,夏桀和殷纣的统治残暴昏乱,于是商汤和周武王起兵讨伐。如果到了夏朝,还有人用在树上架木做巢居住和钻木取火的办法生活,那一定会被鲧、禹耻笑了；如果到了殷周时代，还有人要把挖河排洪作为要务的话，那就一定会被商汤、周武王所耻笑。既然如此，那么在今天要是还有人推崇尧、舜、禹、汤、武的政治并加以实行的人，定然要被现代的圣人耻笑了。因此，圣人不要求照搬古法，不死守陈规旧俗，而是根据当前社会的实际情况，进而制定相应的政治措施。有个宋人在田里耕作，田中有一个树桩，一只兔子奔跑时撞在树桩上碰断了脖子死了。从此这个宋人便放下手中的农具，守在树桩旁边，希望再捡到死兔子。他当然不可能再得到兔子，自己倒成了宋国的一个笑话。现在假使还要用先王的政策来治理当代的民众，那就无疑属于守株待兔之类的人了。

在古代，男人不用耕种，野生的果实足够吃的；妇女不用纺织，禽兽的皮足够穿的。不用费力而供养充足。人口少而财物有余，所以人与人之间用不着争夺。因而不实行厚赏，不实行重罚，而民众自然安定无事。现在一个人有五个儿子并不算多，每个儿子又各有五个儿子，祖父还没有死就会有二十五个孙子。因此，人口多了，而财物缺乏；费尽力气劳动，还是不够吃用。所以民众互相争夺，即使加倍地奖赏和不断地惩罚，结果仍然免不了要发生混乱。

尧统治天下的时候，住的是没经修整的茅草房，连栋木椽子都不曾刨光；吃的是粗粮，喝的是野菜汤；冬天披块小鹿皮，夏天穿着麻布衣。就是现在看门奴仆的生活，也不比这差。禹统治天下的时候，亲自拿着锹锄带领人们干活，累得大腿消瘦，小腿上的汗毛都磨没了，就是奴隶们的劳役也不比这苦。这样说来，古代把天子的位置让给别人，不过是逃避看门奴仆般的生活，摆脱奴隶样的繁重苦劳罢了，所以把天下传给别人也并不值得赞美。如今的县令，一旦死了，他的子孙世世代代总有高车大马，所以人们都很看重。因此，人们对于让位这件事，可以轻易地辞掉古代的天子，却难以舍弃今天的县官，原因即在其实际利益的大小很不一样。居住在山上要到谷底打水的人，逢年过节用水作为礼品互相赠送；居住在洼地饱受水涝灾害的人，却要雇人来挖渠排水。所以在荒年青黄不接的时候，就连自己的幼弟来了也不肯管饭；在好年成的收获季节，即使是疏远的过客也总要招待吃喝。不是有意疏远自己的骨肉兄弟而偏爱过路的客人，而是因为存粮多少的实际情况不同。因此，古人轻视财物，并不是因为仁义，而是由于财多；今人互相争夺，并不是因为卑鄙，而是由于财少。古人轻易辞掉天子的职位，并不是什么风格高尚，而是因为权势很小；今人争夺官位或依附权势，也不是什么品德低下，而是因为权大势重。所以圣人要衡量财物多少、权势大小的实况制定政策。刑罚轻并不是仁慈，刑罚重并不是残暴，适合社会状况行事就是了。因此，情况随着不同时代而发展，政策措施也要适应不断发展的情况。

古代周文王地处丰、镐一带，土地方圆不过百里，他施行仁义的政策感化了西戎，进而统治了天下。徐偃王统治着汉水东面的地方，土地方圆有五百里，他也施行仁义的政策，有三十六个国家向他割地朝贡。楚文王害怕徐国会危害到自己，便出兵伐徐灭了徐国。所以周文王施行仁义得了天下，而徐偃王施行仁义却亡了国，这证明仁义只适用于古代而不适用于今天。所以说时代不同了，政事就会随之不同。在舜当政的时候，苗族不驯服，禹主张用武力去讨伐，舜说："不行。我们推行德教还不够深就动用武力，不合乎道理。"于是便用三年时间加强德教，拿着盾牌和大斧跳舞，苗族终于归服了。到了共工打仗的时候，武器短的会被敌人击中，铠甲不坚固的便会伤及身体，这表明拿着盾牌和大斧跳舞的德政方法只能用于古代而不能用于当今。所以说情况变了，措施也要跟着改变。上古时候人们在道德上竞争高下，中古时候人们在智谋上角逐优劣，当今社会人们在力量上较量输赢。齐国准备进攻鲁国，鲁国派子贡去说服齐人。齐人说："你的话说得不是不巧妙，然而我想要的是土地，不是你所说的这套空话。"于是出兵攻打鲁国，把齐国的国界推进到距鲁国都城只有十里远的地方。所以说徐偃王施行仁义而徐亡了国，子贡机智善辩而鲁失了地。由此说来，仁义道德、机智善辩之类，都不是用来保全国家的正道。如果当初抛弃徐偃王的仁义，不用子贡的巧辩，而是依靠徐、鲁两国的实力，去抵抗有万辆兵车的强敌，那么齐、楚的野心也就不会在这两个国家得逞了。

　　古今社会风俗不同，新旧政治措施也不一样。如果想用宽大和缓的政策去治理剧变时代的民众，就好比没有缰绳和鞭子却要去驾驭烈马一样，这就会产生不明智的祸害。现在，儒家和墨家都称颂先王，说他们博爱天下一切人，就如同父母爱子女一样。用什么证明先王如此呢？他们说："司寇执行刑法的时候，君主为此停止奏乐；听到罪犯被处决的报告后，君主难过得流下眼泪。"这就是他们所赞美的先王。如果认为君臣关系能像父子关系一样，天下必能治理得好，由此推论开去，就不会存在父子之间发生纠纷的事了。从人类本性上说，没有什么感情能超过父母疼爱子女的，然而大家都一样疼爱子女，家庭却未必就和睦。君主即使深爱臣民，何以见得天下就不会发生动乱呢？何况先王的爱民不会超过父母爱子女，子女不一定不背弃父母，那么民众何以就能靠仁爱治理好呢？再说按照法令执行刑法，而君主为之流泪，这不过是用来表现仁爱罢了，却并非用来治理国家的。流泪而不想用刑，这是君主的仁爱；然而不得不用刑，这是国家的法令。先王首先要执行法令，并不会因为同情而废去刑法，那么不能用仁爱来治理国家的道理也就明白无疑了。

况且人们一向就屈服于权势，很少能被仁义感化的。孔子是天下的圣人，他修养身心，宣扬儒道，周游列国，可是天下赞赏他的仁、颂扬他的义并肯为他效劳的人才七十来个。可见看重仁的人少，能行义的人实在难得。所以天下这么大，愿意为他效劳的只有七十人，而倡导仁义的只有孔子一个。鲁哀公是个不高明的君主，面南而坐，统治鲁国，国内的人没有敢不服从的。民众总是屈服于权势，权势也确实容易使人服从，所以孔子反倒做了臣子，而鲁哀公却成了君主。孔子并不是服从于鲁哀公的仁义，而是屈服于他的权势。因此，要讲仁义，孔子就不会屈服于哀公；要讲权势，哀公却可以使孔子俯首称臣。现在的学者们游说君主，不是要君主依靠可以取胜的权势，而致力于宣扬施行仁义就可以统治天下，这就是要求君主一定能像孔子那样，要求天下民众都像孔子门徒。这在事实上是肯定办不到的。

现在假定有这么一个不成材的儿子，父母对他发怒，他并不悔改；乡邻们加以责备，他无动于衷；师长教训他，他也不改变。拿了父母的慈爱、乡邻的帮助、师长的智慧这三方面的优势同时加在他的身上，而他却始终不受感动，丝毫不肯改邪归正。直到地方上的官吏拿着武器，依法执行公务，而搜捕坏人的时候，他这才害怕起来，改掉旧习，变易恶行。所以父母的慈爱不足以教育好子女，必须依靠官府执行严厉的刑法。这是由于人们总是受到慈爱就骄纵，见到威势就屈服的缘故。因此，七丈高的城墙，就连善于攀高的楼季也不能越过，因为太陡；千丈高的大山，就是瘸腿的母羊也可以被赶上去放牧，因为坡度平缓。所以明君总要严峻立法并严格用刑。十几尺布帛，一般人见了也舍不得放手；熔化着的百镒黄金，即使是盗跖也不会伸手去拿。不一定受害的时候，十几尺的布帛也不肯丢掉；肯定会烧伤手时，就是百镒黄金也不敢去拿。所以明君一定要严格执行刑罚。因此，施行奖赏最好是丰厚而且兑现，使人们获利；进行刑罚最好严厉而且肯定，使人们有所畏惧；法令最好是一贯而且固定，使人们都能明白。所以君主施行奖赏不随意改变，执行刑罚不轻易赦免，对受赏的人同时给予荣誉，对受罚的人同时给予谴责。这样一来，不管贤还是不贤的人，都会尽力而为了。

现在就不是这样。正是因为他有功劳才授予他爵位的，却又鄙视他做官；因为他从事耕种才奖赏他，却又看不起他经营家业；因为他不肯为公干事才疏远他，却又推崇他不羡慕世俗名利；因为他违犯禁令才给他定罪，却又称赞他勇敢。是毁是誉，是赏是罚，执行起来竟如此自相矛盾；所以法令遭到破坏，民众更加混乱。现在假如自己的兄弟受到侵犯就一定帮他反击的人，被认为是正直；知心的朋友被侮辱就跟随着去报仇的人，被认为是忠贞。这种正直和忠贞的风气形成了，而君主的法令却被冒犯了。君主推崇这种忠贞正直的品行,却忽视了他们违犯法令的罪责,所以人们敢于逞勇犯禁,而官吏制止不住。对于不从事耕作就有吃有穿的人,说他有本事;对于没有军功就获得官爵的人,说他有才能。这种本事和才能养成了,就会导致国家兵力衰弱、土地荒芜了。君主赞赏这种本事和才能,却忘却兵弱地荒的祸害;结果谋私的行为就会得逞,而国家的利益就要落空。

儒家利用文献典籍扰乱法纪,游侠使用武力违犯禁令,而君主却都要加以礼待,这就是国家混乱的根源。犯法的本该判罪,而那些儒生却靠着文章学说得到任用;犯禁的本该处罚,而那些游侠却靠着充当刺客得到豢养。所以,法令反对的,成了君主重用的;官吏处罚的,成了权贵豢养的。法令反对和君主重用,官吏处罚和权贵豢养,四者互相矛盾,而没有确立一定标准,即使有十个黄帝,也不能治好天下。所以对于宣扬仁义的人不应当加以称赞,如果称赞了,就会妨害功业;对于从事文章学术的人不应当加以任用,如果任用了,就会破坏法治。楚国有个叫直躬的人,他的父亲偷了人家的羊,他便到令尹那儿告发,令尹说:"杀掉他!"认为他对君主虽算正直而对父亲却属不孝,结果判了他死罪。由此看来,君主的忠臣倒成了父亲的逆子。鲁国有个人跟随君王去打仗,屡战屡逃,孔子向他询问原因,他说:"我家中有年老的父亲,我死后就没人养活他了。"孔子认为这是孝子,便推举他做了官。由此看来。父亲的孝子恰恰是君主的叛臣。所以令尹杀了直躬,楚国的坏人坏事就没有人再向上告发了;孔子奖赏逃兵,鲁国人作战就要轻易地投降逃跑了。君臣之间的利害得失是如此不同,而君主却既赞成谋求私利的行为又想求得国家的繁荣富强,这是肯定没指望的。

古时候,仓颉创造文字,把围着自己绕圈子的叫做"私"。与"私"相对的叫做"公"。公和私相反的道理,是仓颉就已经知道的。现在还有人认为公私利益相同,这是犯了没有仔细考察的错误。那么为个人打算的话,没有什么比修好仁义、熟悉学术的办法更好了。修好仁义就会得到君主信任,得到君主信任就可以做官;熟悉学术就可以成为高明的老师,成了高明的老师就会显荣。对个人来说,这是最美的事了。然而没有功劳的就能做官,没有爵位的就能显荣,形成这样的政治局面,国家就一定陷入混乱,君主就一定面临危险了。所以,互不相容的事情,是不能并存的。杀敌有功的人本该受赏,却又崇尚仁爱慈惠的行为;攻城立功的人本该授予爵禄,却又信奉兼爱的学说;采用坚固的铠甲、锋利的兵器来防备战乱,却又提倡宽袍大带的服饰;国家富足靠农民,打击敌人靠士兵,却又看重从事于文章学术事业的儒生;不用那些尊君守法的人,而去收养游侠刺客之类的人。如此理政,要想使国家太平和强盛是不可能的。国家太平的时候收养儒生和游侠,危难来临的时候却要用披坚执锐的士兵;国家给予利益的人并不是国家所用的人,而国家所用的人又得不到任何好处。结果从事耕战的人荒废了自己的事业,而游侠和儒生却一天天多了起来,这就是社会陷于混乱的原因所在。

况且社会上所说的贤,是指忠贞不欺的行为;所说的智,是指深奥玄妙的言辞。那些深奥玄妙的言辞,就连最聪明的人也难以理解。现在制定民众都得遵守的法令,却采用那些连最聪明的人也难以理解的言辞,那么民众就无从弄懂了。所以,连糟糠都吃不饱的人,是不会追求精美饭菜的;连粗布短衣都穿不上的人,是不会期望华丽衣衫的。治理社会事务,如果紧急的还没有办好,那么可从缓的就不必忙着去办。现在用来治理国家的政治措施,凡属民间习以为常的事,或普通人明知的道理不加采用,却去追求连最聪明的人都难以理解的说教,其结果只能是适得其反了。所以那些深奥玄妙的言辞,并不是人民所需要的。至于推崇忠贞信义的品行,必将尊重那些诚实不欺的人;而诚实不欺的人,也没有什么使人不行欺诈的办法。平民之间彼此交往,没有大宗钱财可以互相利用,没有大权重势可以互相威胁,所以才要寻求诚实不欺的人。如今君主处于统治地位,拥有整个国家的财富,完全有条件掌握重赏严罚的权力,可以运用法令来观察和处理问题,那么即使有田常、子罕一类的臣子也是不敢行欺的,何必寻找那些诚实不欺的人呢?现今的忠贞信义之士不满十个,而国家需要的官吏却数以百计。如果一定要任用忠贞信义之士,那么合格的人就会不够用。合格的人不够用,那么能够把政事治理好的官就少,而会把政事搞乱的官就多了。所以明君的治国方法,在于实行法治,而不是寻求有智的人;牢牢掌握使用官吏的方法,而不追慕忠信的人。这样,法治就不会遭到破坏而官吏们也不敢胡作非为了。

现在君主对于臣下的言论,喜欢悦耳动听而不管是否恰当;对于臣下的行事,仅欣赏他的名声而不责求做出成效。因此天下很多人说起话来总是花言巧语,却根本不切合实用,结果弄得称颂先王、高谈仁义的人充满朝廷,而政局仍不免于混乱;立身处世的人竞相标榜清高,不去为国家建功立业,结果有才智的人隐居山林,推辞俸禄而不接受,而兵力仍不免于削弱,政局不免于混乱,这究竟是怎么造成的呢?因为民众所称赞的、君主所优待的,都是些使国家混乱的做法。现在全国的民众都在谈论如何治国,每家每户都藏有商鞅和管仲的法典,国家却越来越穷,原因就在于空谈耕作的人太多,而真正拿起农具种地的人太少。全国的民众都在谈论如何打仗,每家每户都藏有孙子和吴起的兵书,国家的兵力却越来越弱,原因就在于空谈打仗的人太多,而真正穿起铠甲上阵的人太少。所以明君只使用民众的力量,不听信高谈阔论;奖赏人们的功劳,坚决禁止那些无用的言行。

这样民众就会拼命为君主出力。耕种是需要花费气力吃苦的事情，而民众却愿意去干，因为他们认为可以由此得到富足。打仗是十分危险的事情，而民众却愿意去干，因为他们认为可以从此获得显贵。如今只要擅长文章学术、能说会道，无需有耕种的劳苦就可以获得富足的实惠，无须冒打仗的危险便可以得到尊贵的官爵，那么人们谁不乐意这样干呢？结果就出现了一百个人从事于智力活动，却只有一个人致力于耕战事业的状况。从事于智力活动的人多了，法治就要遭到破坏；致力于耕战事业的人少了，国家就会变得贫穷。这就是社会之所以混乱的原因。

因此，在明君的国家里，不用有关学术的文献典籍，而以法令为教本；禁绝先王的言论，而以官吏为老师；没有游侠刺客的凶悍，而只以杀敌立功为勇敢。这样，国内民众的一切言论都必须遵循法令，一切行动都必须归于为国立功，一切勇力都必须用到从军打仗上。正因如此，太平时期国家就富足，战争时期兵力就强盛，这便奠定了称王天下的资本。既拥有称王天下的资本，又善于利用敌国的弱点，建立超过五帝、赶上三王的功业，一定得采用这种办法。

现在却不是这样。儒士、游侠在国内恣意妄为，纵横家在国外大造声势。内外形势恶化，就这样来对付强敌，不是太危险了吗？所以那些谈论外交问题的臣子们，不是属于合纵或连衡中的哪一派，就是怀有借国家力量来报私仇的隐衷。所谓合纵，就是联合众多弱小国家去攻打一个强大国家；所谓连衡，就是依附于一个强国去攻打其他弱国。这都不是保全国家的好办法。现在那些主张连衡的臣子都说："不依附大国，一遇强敌就得遭殃。"侍奉大国不一定有什么实际效应，倒必须先献出本国地图，呈上政府玺印，这样才得以请求军事援助。献出地图，本国的版域就缩小了；呈上玺印，君主的声望就降低了。版域缩小，国家就削弱了；声望降低，政治上就混乱了。侍奉大国实行连衡，还来不及看到什么好处，却已丧失了国土，搞乱了政治。那些主张合纵的臣子都说："不救援小国去进攻大国，就失了各国的信任；失去了各国的信任，国家就面临危险；国家面临危险。君主地位就降低了。"援救小国不一定有什么实惠可言，倒要起兵去和大国为敌。援救小国未必能使它保存下来，而进攻大国未必就不失误，一有失误，就要被大国控制了。出兵的话，军队就要吃败仗；退守的话，城池就会被攻破。援救小国实行合纵，还来不及看到什么好处，却已使国土被侵吞，军队吃败仗。所以，侍奉强国，只能使那些搞连衡的人凭借外国势力在国内捞取高官；援救小国，只能使那些搞合纵的人凭借国内势力从国外得到好处。国家利益没有确立起来，而臣下倒先把封地和厚禄都弄到手了。君主地位降低了，而臣下反而抬高了；国家土地削减了，而私家却变富了。事情如能成功，纵横家们就会依仗权势长期受到重用；

事情失败的话，纵横家们就会凭借富有引退回家享福。君主如果听信臣下的游说，事情还没办成就已给了他们很高的爵位俸禄，事情失败得不到处罚；那么，那些游说之士谁不愿意用猎取名利的言辞不断去进行投机活动呢？所以国破君亡局面的出现，都是因为听信了纵横家的花言巧语造成的。这是什么缘故呢？这是因为君主分不清公私利益，不考察言论是否正确，事败之后也没有坚决地实行处罚。纵横家们都说："进行外交活动，收效大的可以统一天下，收效小的也可以保证安全。"所谓统一天下，提的是能够打败别国；所谓保证安全，指的是本国不受侵犯。兵强就能打败别国，国安就不可能被人侵犯。而国家的强盛和安定并不能通过外交活动取得，只能靠搞好内政。现在不在国内推行法令，却要一心在外交上动脑筋，就必然达不到国家安定富强的目的了。

  乡间谚语说："长袖善舞，多钱善贾。"这就是说，物质条件越好越容易取得功效。所以国家安定强盛，谋事就容易成功；国家衰弱混乱，计策就难以实现。所以用于秦国的计谋，即使改变十次也很少失败；用于燕国的计谋，即使改变一次也很难成功。这并不是被秦国任用的人智慧必高，被燕国任用的人脑子必笨，而是因为这两个国家的治乱条件大不相同。所以西周背弃秦国参与合纵，只一年工夫就被吞灭了；卫国背离魏国参与连衡，仅半年工夫就被消灭了。这就是说合纵灭了西周，连衡亡了卫国。假使西周和卫国不急于听从合纵连横的计谋，而将国内政治严加整顿，明定法律禁令，信守赏罚制度，努力开发土地来增加积累，使民众拼死去坚守城池。那么别的国家夺取他们的土地吧，好处不多；而进攻这个国家吧，伤亡很大。拥有万乘兵车的大国不敢自我拖累在坚城之下，从而促使强敌自己去衡量其中的害处，这才是保证本国必然不会灭亡的办法。丢掉这种必然不会亡国的办法，却去搞势必会招致亡国的事情，这是治理国家的人的过错。外交努力陷于困境，内政建设陷于混乱，那么国家的灭亡就无法挽救了。

  人们的习惯想法都是追求安逸和私利而避开危险和穷苦。如果让他们去打仗，前进会被敌人杀死，后退要受军法处置，就处于危险之中了。放弃个人的家业，承受作战的劳苦，家里有困难而君主不予过问，就置于穷困之中了。穷困和危险交加，民众怎能不逃避呢？所以他们投靠私门贵族，求得免除兵役，兵役免除了就可以远离战争，远离战争也就可以得到安全了。用钱财贿赂当权者就可以达到个人欲望，欲望一旦达到也就得到了实际利益。平安有利的事情明摆在那里，民众怎能不去追求呢？这样一来，为公出力的人就少了，而依附私门的人就多了。

  明君治理国家的政策，总是要使工商业者和游手好闲的人尽量减少而且名位卑下，以免从事农耕的人少而致力于工商业的人多。现在社会上向君主亲近的侍臣行贿托情的风气很流行，这样官爵就可以用钱买到；官爵可以用钱买到，那么工商业者的地位就不会低贱了。投机取巧非法获利的活动可以在市场上通行，那么商人就不会少了。他们搜括到的财富超过了农民收入的几倍，他们获得的尊贵地位也远远超过从事耕战的人，结果刚正不阿的人就越来越少，而经营商业的人就越来越多。

因此，造成国家混乱的风气是：那些著书立说的人，称引先王之道来宣扬仁义道德；讲究仪容服饰而文饰巧辩言辞，用以扰乱当今的法令，从而动摇君主的决心。那些纵横家们，弄虚作假，招摇撞骗，借助于国外势力来达到私人目的，进而放弃了国家利益。那些游侠刺客，聚集党徒，标榜气节，以图显身扬名，结果触犯国家禁令。那些逃避兵役的人，大批依附权臣贵族，肆意行贿，而借助于重臣的请托，逃避从军作战的劳苦。那些工商业者，制造粗劣器具，积累奢侈资财，囤积居奇，待机出售，希图从农民身上牟取暴利。上述这五种人，都是国家的蛀虫。君主如果不除掉这五种像蛀虫一样的人，不广罗刚直不阿的人，那么天下即使出现破败沦亡的国家、地削名除的朝廷，也就不足为怪了。

原 毁

韩 愈

原文：

古之君子，其责己也重以周①，其待人也轻以约②。重以周，故不怠③；轻以约，故人乐为善。闻古之人有舜者，其为人也，仁义人也④；求其所以为舜者，责于己曰："彼，人也；予，人也。彼能是，而我乃不能是！"⑤早夜以思，去其不如舜者，就其如舜者。闻古之人有周公者，其为人也，多才与艺人也⑥。求其所以为周公者，责于己曰："彼，人也；予，人也。彼能是，而我乃不能是！"⑦早夜以思，去其不如周公者，就其如周公者。舜，大圣人也，后世无及焉；周公，大圣人也，后世无及焉。是人⑧也，乃曰："不如舜，不如周公，吾之病也。"是不亦责于身者重以周乎！其于人也，曰："彼人也，能有是，是足为良人⑨矣；能善是，是足为艺人⑩矣。"取其一不责其二，即其新不究其旧，恐恐然惟惧其人之不得为善之利。一善易修也，一艺易能也，其于人也，乃曰："能有是，是亦足矣。"曰："能善是，是亦足矣。"不亦待于人者轻以约乎！

今之君子⑪则不然，其责人也详⑫，其待己也廉⑬。详，故人难于为善；廉，故自取也少。己未有善，曰："我善是，是亦足矣。"己未有能，曰："我能是，是亦足矣。"外以欺于人，内以欺于心，未少有得而止矣，不亦待其身者已⑭廉乎！其于人也，曰："彼虽能是，其人不足称也；彼虽善是，其用不足称也。"举其一不计其十，究其旧不图其新，恐恐然惟惧其人之有闻也。是不亦责于人者已详乎！夫是之谓不以众人待其身，而以圣人望于人，吾未见其尊己也。

虽然，为是者有本有原，怠与忌之谓也。怠者不能修，而忌者畏人修。吾常试之矣，尝试语于众曰："某良士，某良士。"其应者，必其人之与也；不然，则其所疏远不与同其利者也；不然，则其畏也。不若是，强者必怒于言，懦者必怒于色矣。又尝语于众曰："某非良士，某非良士。"其不应者，必其人之与也；不然，则其所疏远不与同其利者也；不然，则其畏也。不若是，强者必说于言，懦者必说于色矣。是故事修而谤兴，德高而毁来。呜呼！士之处此世，而望名誉之光，道德之行，难已！

将有作于上者，得吾说而存之，其国家可几⑮而理欤！

译文：

古时候的君子，他要求自己严格而全面，他对待别人宽容又简约。严格而全面，所以不怠惰；宽容又简约，所以人家都乐意做好事。听说古代的圣人舜，他的做人，是个仁义的人。探究舜成为圣人的原因，就责备自己说："他是人，我也是人，他能这样，我却不能这样！"早晚都在思考，改掉那不如舜的行为，效仿那些与舜相同的地方。听说古代的圣人周公，他的做人，是个多才多艺的人。探究他成为圣人的原因，就责备自己说："他是人，我也是人，他能这样，我却不能这样！"早晚都在思考，改掉那不如周公的，去做那像周公的地方。舜，是大圣人，后代没有能及得上他的。周公，是大圣人，后代没有能及得上他的。这些人却说："比不上舜，比不上周公，是我的缺点。"这不就是要求自身严格而且全面吗？他对待别人，说道："那个人啊，能有这点，这就够得上是贤良的人了；能擅长这个，就算得上是有才能的人了。"肯定他一个方面，而不苛求他别的方面，论他的今天的表现，而不计较他的过去，小心谨慎地只恐怕别人得不到做好事应得的表扬。一件好事是容易做到的，一种技能是容易学得的，他对待别人，却说："能有这样，这就够了。"又说："能擅长这个，这就够了。"岂不是要求别人宽容又简约吗？

现在的君子可不同，他责备别人周详，他要求自己简少。周详，所以人家难以做好事；简少，所以自己进步就少。自己没有什么优点，说："我有这优点，这够就了。"自己没有什么才能，说："我有这本领，这就够了。"对外欺骗别人，对己欺骗良心，还没有多少收获就止步不前，岂不是要求自身太少了吗？他们要求别人，说："他虽然能做这个，但他的人品不值得赞美，他虽然擅长这个，但他的才用不值得称道。"举出他一方面的欠缺不考虑他多方面的长处，只追究他的既往，不考虑他的今天，心中惶惶不安只怕别人有好的名声。岂不是责求别人太周全了吗？这就叫不用常人的标准要求自身，却用圣人的标准希望别人，我看不出他是尊重自己的啊！

尽管如此，这样做是有他的根源的，就是所谓怠惰和忌妒啊。怠惰的人不能自我修养，而忌妒的人害怕别人修身。我不止一次地试验过，曾经对大家说："某人是贤良的人，某人是贤良的人。"那随声附和的，一定是他的同伙；否则，就是和他疏远没有相同利害的人；否则，就是怕他的人。不然的话，强横的定会厉声反对，软弱的定会满脸不高兴。我又曾经试着对大家说："某人不是贤良的人，某人不是贤良的人。"那不随声附和的人，一定是他的同伙；否则，就是和他疏远没有相同利害的人；否则，就是怕他的人。不这样的话，强横的定会连声赞同，软弱的定会喜形于色。因此，事业成功诽谤便随之产生；德望高了恶言就接踵而来。唉！读书人生活在当今世界上，而希求名誉的光大、德行的推广，难极了！

在位的人想有所作为，听取我的说法记在心中，那国家差不多可以治理好了！

注释：

① 重：严格。周：周密、全面。

② 轻：宽容。约：简少。以上二句出自《论语·卫灵公》："躬自厚而薄责于人。"

③ 不怠：指不懈怠地进行道德修养。

④ 舜：传说中远古时代的君王。仁义人：符合儒家仁义道德规范的人。句出《孟子·离娄下》："舜明于庶物，察于人伦，由仁义行，非行仁义也"。

⑤ 句出《孟子·滕文公上》："颜渊曰：'舜何人也？予何人也？有为者，亦若是。'"

⑥ 周公：周文王子，周武王弟。武王死后，成王年幼继位，由周公摄政。多才与艺人：多才多艺的人。句出《尚书·金縢》：周公有言："予仁若考，能多才多艺，能事鬼事神。"

⑦ 彼：指舜。予：同"余"，我。

⑧ 是人：指上古之君子。

⑨ 良人：善良的人。

⑩ 艺人：有才艺的人。

⑪ 君子：指旧时贵族阶级士大夫。

⑫ 详：周备，全面。

⑬ 廉：狭窄，范围小。

⑭ 已：太、甚。

⑮ 几：庶几、差不多。

原 君

黄宗羲

原文：

有生之初，人各自私①也，人各自利也。天下有公利而莫或兴之，有公害而莫或除之。有人者出，不以一己之利为利，而使天下受其利；不以一己之害为害，而使天下释其害。此其人之勤劳，必千万于天下之人。夫以千万倍之勤劳，而己又不享其利，必非天下之人情②所欲居也。故古之人君，量而不欲入者，许由、务光③是也；入而又去之者，尧舜是也；初不欲入而不得去者，禹是也。岂古之人有所异哉？好逸恶劳，亦犹夫人之情也。

后之为人君者不然。以为天下利害之权皆出于我，我以天下之利尽归于己，以天下之害尽归于人，亦无不可。使天下之人不敢自私，不敢自利，以我之大私为天下之公；始而惭焉，久而安焉，视天下为莫大之产业，传之子孙，受享无穷。汉高帝所谓"某业所就，孰与仲多"者，其逐利之情，不觉溢之于辞矣。

此无他，古者以天下为主，君为客；凡君之所毕世而经营者，为天下也。今也以君为主，天下为客；凡天下之无地而得安宁者，为君也。是以④其未得之也，屠毒天下之肝脑⑤，离散天下之子女，以博⑥我一人之产业，曾不惨然。曰："我固为子孙创业也。"其既得之也，敲剥天下之骨髓，离散天下之子女，以奉我一人之淫乐，视为当然。曰："此我产业之花息⑦也。"然则为天下之大害者，君而已矣，向使无君，人各得自私也，人各得自利也。呜呼！岂设君之道固如是乎？

古者天下之人爱戴其君，比之如父，拟之如天，诚不为过也。今也天下之人怨恶其君，视之如寇仇，名之为独夫，固其所也。而小儒规规焉以君臣之义无所逃于天地之间，至桀、纣之暴，犹谓汤、武不当诛之，而妄传伯夷、叔齐无稽之事，视兆人万姓崩溃之血肉，曾不异夫腐鼠。岂天地之大，于兆人万姓之中，独私其一人一姓乎？是故武王，圣人也；孟子之言，圣人之言也。后世之君，欲以如父如天之空名，禁人之窥伺者，皆不便于其言，至废孟子而不立，非导源于小儒乎？

译文：

　　自有人类的那一天，人们就各人只管自己的私事，只谋自己的利益。世上有公共的利益却没有人去兴办，有公共的祸害却没有人去革除。有这样一个人出来，不把个人的私利看作利益，而是使天下人都得到利益；不把个人的害处看作害处，而是使天下人都免除害处。这个人的辛勤劳作，必相当于一般天下人的千万倍。付出千万倍的辛劳，却又得不到利益，就天下人的本性来说，必然不愿意处在那个地位。所以，在古代，人的君主这个位置，考虑后而不愿意就位的，有许由、务光这些人；就位而又离去的，有尧、舜这些人；当初不愿就位，而终于无法离去的，有禹这个人。难道古人有什么特异之处吗？好逸恶劳，也和普通人的本性一样啊。

　　后世做人君的却不是这样。他们以为分派天下利害的权力都出于我自己，我把天下的利益都归于自己，把天下的害处都归于他人，也没有什么不可以的。（他们）使天下人不敢自私，不敢自利，而把我的私利作为天下的公利；开始还感到惭愧，时间一久就心安理得了，把天下看作自己再大不过的产业，传给子孙，享受无穷。正如汉高祖所说的"我所创下的家业，与我家老二相比，谁多"，他追逐私利的心情不觉在言语中充分流露出来。（注：刘邦家的老二勤劳经商，家产不少，很受刘父赏识；刘邦游手好闲，为刘父不齿。刘邦打下江山后，遂有此言）。

　　这没有别的（原因），古时把天下人放在主要位置，君主放在从属位置；凡君主毕生经营的一切，都是天下人的。现在把君主放在主要位置，把天下人放在从属位置；所有使天下没有一个地方得到安宁的原因，都在于有了君主。因此，在他未得到君位的时候，屠杀、残害天下的生命，拆散天下人的子女，来求得个人的产业，竟然没有一点惨痛的样子，说："我原是为子孙后代创业啊。"他在取得君位以后，敲诈、剥取天下人的骨髓，拆散天下人的子女，以供个人放纵享乐，（把这）看成理所当然，说："这是我产业的利息呀。"既然这样，那么成为天下大害的，不过是君主罢了！当初假使没有君主，人们还能各管各的事情，各得各的利益。唉！难道设置君主的道理，原来就是这样的吗？

　　古时候，天下人爱戴自己的君主，把他们比作父亲，把他们比作天，实在不算过分。现在天下人怨恨、憎恶自己的君主，把他们看作仇敌，称他们为独夫，这原是他们应当得到的结果。可是那些眼光短浅的读书人，却拘谨地认为，君臣之间的伦理关系无法逃脱于天地之间，甚至对于桀、纣那样的暴君，还认为汤、武不应当去讨伐他们，因而虚妄地传说伯夷、叔齐那些无可查考的故事，看待千千万万百姓的血肉崩溃的躯体，竟然和腐臭的老鼠一样。难道天地这么大，在千千万万天下人中,唯独(应当)偏爱君主一人一姓吗?因此(讨伐纣王的)武王是圣人,孟子(肯定武王伐纣)的言论是圣人的言论。后世的君主,想要用自己"如父如天"一类的空名来禁绝他人暗中看机会夺取君位,都感到孟子的话对自己不利,甚至废除孟子的祭祀,这根由不是从眼光短浅的读书人那里来的吗?

注释:

① 私:私事。

② 情:本性。

③ 许由、务光:传说中的高士。唐尧让天下于许由,许由认为是对自己的侮辱,就隐居箕山中。商汤让天下于务光,务光负石投水而死。

④ 是以:因此。

⑤ 肝脑:生命。

⑥ 博:博取,求得。

⑦ 花息:利息。